BIOGRAFIAS — MEMÓRIAS — DIÁRIOS — CONFISSÕES
ROMANCE — CONTO — NOVELA — FOLCLORE
POESIA — HISTÓRIA

1. MINHA FORMAÇÃO — Joaquim Nabuco
2. WERTHER (Romance) — Goethe
3. O INGÊNUO — Voltaire
4. A PRINCESA DE BABILÔNIA — Voltaire
5. PAIS E FILHOS — Ivan Turgueniev
6. A VOZ DOS SINOS — Charles Dickens
7. ZADIG OU O DESTINO (História Oriental) — Voltaire
8. CÂNDIDO OU O OTIMISMO — Voltaire
9. OS FRUTOS DA TERRA — Knut Hamsun
10. FOME — Knut Hamsun
11. PAN — Knut Hamsun
12. UM VAGABUNDO TOCA EM SURDINA — Knut Hamsun
13. VITÓRIA — Knut Hamsun
14. A RAINHA DE SABÁ — Knut Hamsun
15. O BANQUETE — Mario de Andrade
16. CONTOS E NOVELAS — Voltaire
17. A MARAVILHOSA VIAGEM DE NILS HOLGERSSON — Selma Lagerlöf
18. SALAMBÔ — Gustave Flaubert
19. TAÍS — Anatole France
20. JUDAS O OBSCURO — Thomas Hardy
21. POESIAS — Fernando Pessoa
22. POESIAS — Álvaro de Campos
23. POESIAS COMPLETAS — Mário de Andrade
24. ODES — Ricardo Reis
25. MENSAGEM — Fernando Pessoa
26. POEMAS DRAMÁTICOS — Fernando Pessoa
27. POEMAS — Alberto Caeiro
28. NOVAS POESIAS INÉDITAS & QUADRAS AO GOSTO POPULAR
    Fernando Pessoa
29. ANTROPOLOGIA — Um Espelho para o Homem — Clyde Kluckhohn
30. A BEM-AMADA — Thomas Hardy
31. A MINA MISTERIOSA — Bernardo Guimarães
32. A INSURREIÇÃO — Bernardo Guimarães
33. O BANDIDO DO RIO DAS MORTES — Bernardo Guimarães
34. POESIA COMPLETA — Cesar Vallejo
35. SÔNGORO COSONGO E OUTROS POEMAS — Nicolás Guillén
36. A MORTE DO CAIXEIRO VIAJANTE EM PEQUIM — Arthur Miller
37. CONTOS — Máximo Górki
38. NA PIOR, EM PARIS E EM LONDRES — George Orwell
39. POESIAS INÉDITAS (1919-1935) — Fernando Pessoa
40. O BAILE DAS QUATRO ARTES — Mário de Andrade

A INSURREIÇÃO

Vol. 32

Capa
Cláudio Martins

EDITORA ITATIAIA
BELO HORIZONTE
Rua São Geraldo, 53 — Floresta — Cep. 30150-070
Tel.: 3212-4600 — Fax: 3224-5151
e-mail: vilaricaeditora@uol.com.br
Home page: www.villarica.com.br

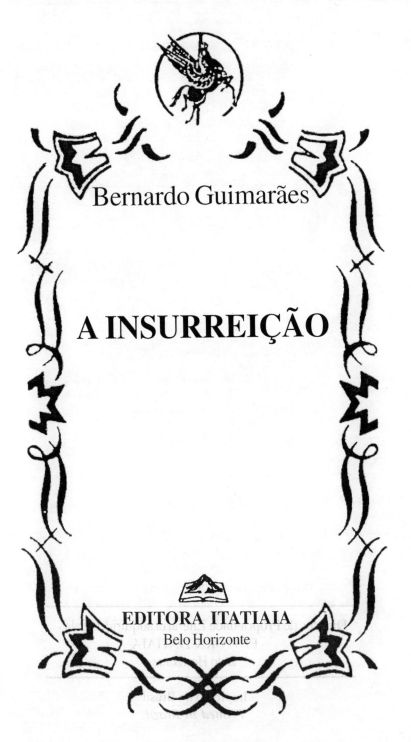

Bernardo Guimarães

A INSURREIÇÃO

EDITORA ITATIAIA
Belo Horizonte

2005

Direitos de Propriedade Literária adquiridos pela
EDITORA ITATIAIA
Belo Horizonte

Impresso no Brasil
Printed in Brazil

ÍNDICE

Capítulo I — Estréias de um jovem fidalgo 9
Capítulo II — Um Páris mal sucedido com a sua Helena 18
Capítulo III — Processo sumarísimo a meia-noite 25
Capítulo IV — Noite de vigília e angústia 30
Capítulo V — Perdão pior que a pena 37
Capítulo VI — Começo de conspiração 46
Capítulo VII — Turpe senilis amor 55
Capítulo VIII — Indícios e suspeitas 61
Capítulo IX — Rompimento 66
Capítulo X — Conciliábulo na gruta 72
Capítulo XI — Fatal irresolução 79
Capítulo XII — A aparição e o refém 84
Capítulo XIII — Tiago, o mameluco 92
Capítulo XIV — Trágica interrupção de uma entrevista amorosa 102
Capítulo XV — O tição fatídico 111
Capítulo XVI — Entusiasmo e confiança 122
Capítulo XVII — Invencível obstinação 129
Capítulo XVIII — Mil dobras pela cabeça de Maurício 135
Capítulo XIX — Horroroso despertar de um sonho de delícias 142
Capítulo XX — Feitiço contra o feiticeiro 154
Capítulo XXI — O assalto 166
Capítulo XXII — Combate pró e contra 174
Capítulo XXIII — Ela salva e ele condenado 180
Capítulo XXIV — A prece de três anjos 187
Capítulo XXV — Epílogo 192

ÍNDICE

9	Capítulo I — Escárnios de um jovem fidalgo
18	Capítulo II — Um Paris mal sucedido com a sua Helena
25	Capítulo III — Processo sumaríssimo a meia-noite
30	Capítulo IV — Noite de vigília e esperata
37	Capítulo V — Perdão pior que a pena
46	Capítulo VI — Começo de conspiração
55	Capítulo VII — Turpe senilis amor
61	Capítulo VIII — Indícios e suspeitas
66	Capítulo IX — Komprimento
72	Capítulo X — Conciliábulo na gruta
79	Capítulo XI — Final irresolução
84	Capítulo XII — Aparece o refém
92	Capítulo XIII — Fuga o mancebo
102	Capítulo XIV — Trágica interrupção de uma entrevista amorosa
111	Capítulo XV — O trato fatídico
122	Capítulo XVI — Entusiasmo e confiança
129	Capítulo XVII — Invencível obstinação
135	Capítulo XVIII — Mil... pola cabeça de Vianinho
147	Capítulo XIX — Horroroso despertar de um sonho de delícias
154	Capítulo XX — Pontero contra o feiticeiro
160	Capítulo XXI — O sonho
171	Capítulo XXII — Combate pró e contra
180	Capítulo XXIII — Ela salva e ele condenado
187	Capítulo XXIV — A noite de três cabos
192	Capítulo XXV — Epílogo

Capítulo I

Estréias de um jovem fidalgo

Mais de um mês de inalterável tranqüilidade passou-se no povoado de São João del-Rei.

Tão diuturna tranqüilidade a todos agradava menos a Fernando, que via com desgosto fugirem-lhe todas as ocasiões de perseguir Maurício. Infelizmente para fazer o mal elas não se fazem esperar por muito tempo.

Fernando e Afonso ocupavam o mesmo aposento na casa do capitão-mor, o que lhes dava aso de poderem palestrar à vontade nas horas vagas da noite ou do dia, e fazerem-se mútuas confidências. Fernando tomara a seu cargo acabar de perverter a alma do jovem primo, já bastante estragada pelos mimos e condescendências paternas, e ia conseguindo maravilhosamente o seu fim.

— Onde estiveste ontem à noite até tão tarde, que nem vi quando chegaste? — perguntou Fernando a seu primo uma manhã ao acordar.

— Oh! se soubesses, ficarias com inveja, Fernando, — respondeu Afonso acordando e espreguiçando-se voluptuosamente.

— Porque?

— Porque estive em casa de uma menina bonita... oh!... Fernando... bonita como os amores!...

— Oh! deveras!... sim!... pois isso por aqui é fruta bem rara. Quem é?... como se chama?... onde mora?...

— Oh! que gana de saber tudo a um tempo!... pois não te conto nada.

— Forte criança!... receias acaso, que eu vá tirar-te do lance?... bem sabes, que a minha posição, e ainda mais o amor que consagro à tua irmã, me não permitem meter-me em empresas de certa ordem... Anda lá; conta-me quem é a rapariga. Em vez de te estorvar, talvez te possa ajudar em tua empresa.

— Prometes não contar nada a meu pai?...

— Ora essa é boa!... — retorquiu Fernando rindo-se e, levantando-se da cama, foi sentar-se à do primo que ainda estava entre os lençóis, e disse-lhe afagando-lhe a cabeça.

— Toma juízo, rapaz... que interesse posso eu ter em levar tais ninharias aos ouvidos de teu pai?... Temos coisas mais sérias em que pensar. Deixa-te de tantas precauções, e sobretudo tem confiança em mim, e conta-me quem é a rapariga.

Afonso em razão de sua pouca idade, pois contava apenas vinte anos incompletos, tinha ainda certo recato e timidez, e em razão de sua índole, que não era má, respeitava ainda ao pai seu tanto ou quanto. Foi portanto com algum acanhamento e receio, que revelou ao primo a existência dessa moça, por quem começava a tomar-se de amores.

— Chama-se Helena, disse.

— E onde mora?...

— Nas abas daquela serra, — respondeu o moço indicando com a mão o rumo da serra do Lenheiro, que ainda não tinha nome; — a casinha, onde mora, está situada perto de uma fonte, e o lugarzinho é muito bonito. Quando a vi a primeira vez, estava lavando roupa . O pai dela é um ferreiro; de certo o conheces, Fernando... o mestre Bueno?...

— Oh! muito!... então a menina é filha de mestre Bueno!... um paulista velho e casmurro como trinta diabos!... conheço-o muito, e já ouvi falar nessa rapariga; dizem que é muito bonitinha a filha do tal bronte...; deve ter muitos amantes...

— Muitos, Fernando; e é isso que me amofina.

— Em pouca água te afogas; pois que tem isso?... é muito natural; aqui não há mulheres; é "*populus virorum... res unius etatis*", como diz o teu Floro falando dos fundadores de

Roma. Quero dizer que nesta terra quase tudo é homem, e rapaziada nova e bem disposta, e portanto uma menina bonita por aqui é osso, a que se atiram mais de trinta cães... uma cáfila de perros, que só com um grito podemos enxotar... Mas vamos ao caso; quais são esses amantes?

— Eu sei lá...; um magote de farroupilhas, que não conheço, e que andam sempre a rondar por perto da casa de mestre Bueno, como zangões em volta da colméia... Um deles bem conheço, eu... um rapazote, que não sai de lá, e dizem que até mora com eles, por nome Calixto...

— Ah!... conheço...; e mais quem?...

— O Gil...

— O Gil também?!... — exclamou Fernando erguendo-se com alegre surpresa. — Bom!... bom!... não está mal escoltada a pequena...

— O Minhoto...

— Também!?... coitado!... aquele pobre diabo mete-se em quanta alhada há por esse mundo. Há de ser bem feito, que os paulistas lhe arranquem o couro, que de cabelos não lhe acharão um fio. Mas vamos adiante, Afonso, quem mais?

— Os mais não conheço...

— Não anda por lá o Maurício?

— Pode ser; mas nunca o vi por lá. Passo muitas vezes a cavalo pela casa de mestre Bueno; quase sempre vejo Helena ou na fonte, que fica mesmo pertinho da casa, ou na varanda cosendo; mas nunca me atrevi a apear-me, porque meu pai não gosta que me meta no meio de semelhante gentalha. Mas ontem perdi a paciência, e deitei para longe os escrúpulos... arre lá! pois a gente há de viver aqui, como quem está no seminário dos Jesuítas em São Paulo!... aqui não há saraus, nem teatros, nem cursos como lá; não se vê senão poviléu e gentalha; com quem a gente há de divertir-se senão com as rapariguinhas do povo?...

— Tens razão.

— Apeei-me a pretexto de descansar e beber um pouco

d´água, e lá fui deixando-me ficar até horas mortas... A companhia estava muito divertida. A Helena canta...

— Ah!... e que pretendes fazer, meu rapaz?...

— Não sei, primo; tenho medo de me envolver com essa canalha.

— Se não tens ânimo de suplantar essa corja de maltrapilhos, o que vais fazer lá?...

— Tenho medo de desgostar a meu pai.

— Forte poltrão!... não pareces filho do capitão-mor Diogo Mendes. Maior desgosto teria ele, se soubesse que és tão pusilânime.

— Que estás dizendo, Fernando? Eu pusilânime?

— Sim, pusilânime, por que tens medo de uma meia dúzia de ciganos. Pois bem! fica em casa comendo biscoitos, e deixa-me lá ir, que eu saberei haver-me com eles; irei requestar a menina, e depois de enxotar todo esse bando de rufiões, tu poderás possuir a tua Helena, eu te afianço; mas há de ser em segunda mão.

— Fernando!... não me repitas isso!... — bradou o moço erguendo-se de um pulo em pé sobre a cama. — Se o tentares, em vez de rufiões me acharás à tua frente, a mim sozinho, ouviste, Fernando?...

— Bravo!... assim é que te quero ver; — replicou Fernando sorrindo. — Nada receies da minha parte; eu estou gracejando. Tudo isto por aqui é nosso; podes ir, andar por meio deles, entrar-lhes pela casa dentro; mas não te humilhes, nem te acovardes diante desses perros, porque... ai daquele, que faltar o respeito ao filho do capitão-mor Diogo Mendes!....

— Ao vil, que me desrespeitar, — retrucou vivamente o mancebo, — eu, sem socorro de mais ninguém, saberei dar a competente resposta.

Falando assim Afonso espumava, trincava os dentes e crispava os punhos, como se já estivesse sendo vítima de algum insulto. Saltou da cama, vestiu-se e penteou-se à pressa.

— Apenas acabarmos de almoçar, — disse a seu primo, — monto a cavalo e lá estou em casa do ferreiro. Já agora hei de levar a cabo esta aventura, dê no que der.

Fernando exultou vendo a disposição do rapaz.

— Temo-la travada; — pensou ele. — Este amor do menino há de produzir seus frutos. É o verdadeiro pomo de discórdia... Uma Helena pôs a Grécia em conflagração. Outra Helena vai dar aqui o mesmo resultado. O ponto é eu saber aproveitar-me das circunstâncias. É uma ratoeira, em que tenho de apanhar todos esses insolentes paulistas, sem excetuar o seu altanado chefe Maurício... oh! que sim!... como as outras mariposas ele há de procurar o fogo, em que há de arder.

De feito, Afonso, terminando o almoço, montou a cavalo e dirigiu-se sozinho para a serra do Lenheiro.

Apesar do estimulante, que Fernando lhe aplicara, e que produziu o passageiro arreganho, que acabamos de ver, Afonso talvez em razão de sua pouca idade, à medida que se ia aproximando da casa de mestre Bueno, sentia-se cada vez mais indeciso e acovardado, e retardava de mais em mais o passo de seu cavalo. Já estudando pelo caminho um pretexto plausível, com o qual pudesse, sem despertar suspeitas, apresentar-se em casa do velho ferreiro, em presença do qual.. a seu despeito não podia deixar de sentir certo respeito e acanhamento. Caçar por esses lados era absurdo; O caminho, que trepava por aquela escabrosa encosta, muito mal dava trânsito a cavaleiros até a casa do ferreiro. Só lá iam os que tinham relações de amizade com mestre Bueno, ou alguma obra em sua oficina. O que iria Afonso lá fazer, que não denunciasse o intento de ver Helena? O jovem fidalgo já tinha esgotado os recursos de sua imaginação . A primeira vez de feito lá fora parar transviado, ou passeando a esmo afim de conhecer os arredores da povoação. A segunda vez lá fora de propósito para beber água da fonte, que achara mui fresca e saborosa, mas não para ver Helena. A terceira fora arrebatado pelo cavalo, que tomando o freio

13

entre dentes lá o havia levado, mau grado seu; também o cavalo parecia ter gostado muito da água da tal fonte. A quarta vez tinha ido para apreciar a bonita perspectiva, que dali se gozava, e ao mesmo tempo beber ainda um pouco daquela deliciosa água. Agora, pela quinta vez, o que iria ele lá fazer?...

Preocupado com este gravíssimo problema ia ele andando vagarosamente, e largando as rédeas sobre o pescoço do animal deixava-o ir à sua vontade.

— Oh! bem achado! — exclamou por fim batendo na testa; — vou ajustar com o ferreiro o conserto e fabrico de ferramentas para meu pai. Que excelente pretexto!... não sei como a mais tempo não havia atinado com ele!

E tomando as rédeas e esporeando o cavalo pôs-se a trotar resolutamente pelos estreitos trilhos, que galgando a encosta conduziam à casa do ferreiro.

A casinha de mestre Bueno era na verdade, como dissera Afonso, situada em um mui aprazível e pitoresco recanto. Estava assentada em uma pequena esplanada natural, que ficava a meia altura da montanha à maneira de um terraço ou belvedere, donde se gozava a vista de toda a povoação e de extensos horizontes. A fonte, que jorrava a um lado a alguns passos de distância, e que caindo dos topes vizinhos em argentadas e brilhantes espadanas vinha espreguiçar-se em límpido tanque alcatifado de variegado e cintilante cascalho, dava alegria, vida e fresquidão à interessante choupana. Consistia esta pela frente em uma varanda aberta entre dois pequenos quartos, um destes era a tenda, onde o ferreiro tinha a sua forja; comunicava com a varanda por uma porta quase tão larga como ela, e tinha na frente uma janela, que tinha mais de largura que de altura. Para o interior havia mais alguns cubículos, onde, à exceção dos donos da casa, ninguém mais penetrava.

A varanda servia de sala de visita, onde mestre Bueno se entretinha com seus fregueses e amigos.

Habitavam este casebre mestre Bueno, sua filha e Calixto. Não nos ocuparemos do primeiro, que já é nosso conhecido antigo.

Calixto, que também o leitor já viu no dia da grande caçada do capitão-mor, era um jovem paulista, afilhado e protegido de mestre Bueno, belo rapazinho, cheio de vigor e atividade, que muito ajudava a seu velho protetor nas rudes lidas de seu ofício.

Tendo ficado órfão de pai e mãe em mui tenra idade, o bom velho havia tomado a seu cuidado a criação do menino desvalido, e a par de uma boa educação moral — única que lhe podia dar, — ensinou-lhe o ofício de ferreiro, e o levou consigo para São João del-Rei juntamente com Helena, único resto de sua família. Calixto habitava o quarto fronteiro à tenda e contíguo à varanda.

Helena era uma linda menina, de quinze a dezesseis anos, de porte mediano, e do mais gentil e gracioso tipo caboclo. O rosto redondo era da mais mimosa cor de jambo; as feições regulares e delicadas; a boquinha sempre risonha era uma rubicunda e fresca rosa entreabrindo-se aos primeiros fulgores da aurora; o colo perfeitamente modelado meneava-se flexível como o da meiga rola sobre o curvo e voluptuoso seio; os olhos não muito grandes eram vivos, travessos e de uma extraordinária cintilação. Os cabelos negros e corredios seriam muito compridos, se ela não tivesse o costume de apará-los ao rés dos ombros afim de a não estorvarem na incessante lida de seus fragueiros trabalhos; mas ela os encaracolava nas pontas com os próprios dedos, e eles lhe desciam em graciosas espirais como serpentes negras a beijar-lhe as espáduas. Helena era a lavadeira, a costureira e a cozinheira da casa, e também acompanhava seu pai ao mato, quando este ia preparar o carvão necessário à sua forja, e de lá voltava trazendo um bem pesado feixe de lenha sobre a donosa cabecinha.

O leitor já deve estar adivinhando que Calixto e Helena, criados juntos desde a infância naquela vida retirada, inocente e laboriosa, deviam se amar inevitavelmente com aquele amor puro, ingênuo, e cheio de confiança, que se insinua no coração quase sem ser sentido, e que se torna por fim ardente, profunda e inextinguível paixão.

Quando Afonso chegou à casa do ferreiro, estava ele na tenda com seu afilhado ocupados em forjar uma grossa alavanca. Calixo tocava o fole, enquanto Bueno, com os músculos e os braços arregaçados, amparado com um comprido avental de couro, que lhe descia do pescoço até abaixo dos joelhos, com a tisnada catadura alagada em suor, empunhava a tenaz caldeando uma pesada barra de ferro em brasa. Helena cosia na varanda.

Afonso apeou-se e, dirigindo-se para a janela, debruçou-se sobre ela.

— Bom dia, mestre Bueno, — disse cumprimentando.

— Oh! bom dia, meu moço... então anda passeando?... como vai o papai?... respondeu indiferente o ferreiro sem olhar para o moço e sem distrair-se um instante do seu trabalho.

— Meu pai vai bem, mestre; e é por mandado dele, que venho procurá-lo.

— Pois aqui estamos às ordens, — e dizendo isto o velho bronte agarrou com a mão direita em um pesado malhado e com a esquerda empunhando fortemente a tenaz arrancou do fogão a pesada barra de ferro e com rápido movimento a levou à bigorna. No mesmo instante Calixto, largando o fole, empunha outro martelo e começam ambos o tan-tan-tan infernal das tendas de ferreiro.

— Arreda, moço!... Não vá se queimar, — bradara Bueno antes de começar a malhar. Mas Afonso, que talvez nunca tinha visto funcionar uma forja, não compreendeu a necessidade de subtrair-se incontinenti ao turbilhão de fagulhas ardentes, que ao choque dos martelos saltavam da bigorna como de uma cratera em erupção, e se expandiam em derredor como um repuxo de fogo.

Afonso deu um grito e saltou para longe da janela. Uma chuva de chispas abrasadas tinha-lhe chamuscado as mãos e o rosto.

— Eu bem o avisei, meu moço, — gritou o ferreiro, — mas vossa mercê pateteou, a culpa não é minha.

Falando assim o velho levava outra vez o ferro à fornalha e com a chegadeira o cobria bem de brasas, enquanto Helena acompanhava os gemidos de dor do mancebo com uma alegre, interminável e sonorosa gargalhada, a que servia de baixo marcante o ronco do fole, que recomeçava a funcionar com redobrado furor.

— De que estas aí a rir-te, menina? — ralhou o velho lá da tenda sem deixar o serviço. — Pensas então, que isso não dói, e que a mão de um fidalguinho é como a nossa toda encoscorada e chamuscada de fogo?... cuida antes em ver aí um bocado de azeite para untar a mão desse moço.

Helena calou-se, correu ao interior da casa, e daí a pouco voltou com uma xícara contendo um pouco de azeite doce e uma pena, e dirigiu-se a Afonso afim de aplicar-lhe o linimento receitado por seu pai. Tudo isto fez de modo mui cortês e atencioso, porém com tal cara de riso sufocado, que o mancebo corrido e desatinado nada quis aceitar, asseverando que nada sofria, — e de fato a coisa era muito insignificante, — e quase sem se despedir montou a cavalo e retirou-se muito envergonhado e com muita raiva... de quem?... de si mesmo, por certo, pois que ninguém o havia ofendido. Ninguém?!... que digo eu?... A risada de Helena o havia ofendido mil vezes mais que as fagulhas ardentes, que lhe haviam salpicado as mãos. É este um fenômeno moral, de que é excusado dar explicação aos leitores, e creio que nem mesmo às leitoras. Um namorado quereria antes receber uma rija bofetada das delicadas mãos de sua amante, do que ser vítima de uma gargalhada de seus lábios alegres e rubicundos. Os lábios de uma moça amada são como as pétalas de uma flor, que contém em seu cálix o veneno, que nos mata, e o perfume, que nos embriaga. O sorriso é o perfume; a risada é o veneno.

Capítulo II

Um Páris mal sucedido com a sua Helena

No dia seguinte àquele, em que Afonso passou pelo cruel desapontamento, que acabamos de narrar, a uma formosa tarde sucedeu uma das mais magníficas noites tropicais. Um luar esplêndido argentava de luz maviosa o recente povoado e, todos os seus pitorescos arredores. O Rio das Mortes apresentava aqui e ali entre os balsedos da vargem o veio cintilante como escamas de prata de serpente gigantesca a esgueirar-se silenciosa por entre os matagais.

A serra de São José desenhava no fundo límpido e claro do firmamento o erguido espinhaço semelhante ao dorso de um javardo colossal, esbatendo nos flancos ondulados a luz pálida e serena da silenciosa rainha das noites.

A população satisfeita e um pouco tranqüilizada com o sossego, que gozava a cerca de um mês, paulistas e emboabas, espaireciam-se do cuidado aos brandos raios da lua, misterioso e benéfico planeta, que adormenta as paixões violentas, que derrama eflúvios de paz sobre a face da natureza, e coa nos corações o bálsamo de meigas e suaves emoções. Uns passeavam, outros sentados tranqüilamente ao poial de suas toscas vivendas se entretinham em alegres e mansas conversações; outros aos sons da guitarra entoavam maviosas cantigas, em que suspiravam saudades da pátria distante, ou amores ausentes.

Era da serra do Lenheiro e da casa de mestre Bueno, que melhor se apreciava essa soberba perspectiva, e é para lá, que levaremos o leitor.

Desde o pôr-do-sol, Calixto e Helena achavam-se sentados junto à fonte sobre uma larga lage, que lhes servia de sofá tendo por espaldar um rochedo musgoso, que se elevava alcantilado por detrás deles, e vendo a seus pés estenderem-se por longe sem fim o povoado, os vales e as montanhas, rios e florestas. O sol acabava de atufar-se à sua direita entre nuvens de púrpura ardente, e à esquerda a lua erguia-se serena como fada amiga com seu condão misterioso derramando silêncio e plácida bonança pela face da criação. Calixto ao depor o malho, fatigado, arquejante e coberto de suor, viera à fonte tomar o fresco, matar a sede, e descansar um pouco ao suave bafejo das virações da tarde. Ali encontrou Helena, que tendo estado a lavar roupa também se sentara a descansar e a cismar contemplando o maravilhoso painel, que se desenrolava ante seus olhos. A fonte era pertinho da casa, e Bueno sentado à porta da varanda os via muito bem; mas podiam falarem-se a meia voz sem serem ouvidos. Entretanto conservavam-se mudos; amavamse muito, já o sabiam, e nada mais tinham que dizer-se, porém muito que sentir e gozar. Como que absorvidos em êxtase de puro e santo amor em presença de tão grandioso e solene espetáculo, com as mãos enlaçadas, ouvindo o palpitar de seus corações e trocando olhares, que diziam tanta coisa, estavam, ali como dois esposos, cuja união era abençoada pelo Eterno, tendo por templo o universo e por lâmpadas o sol e a lua suspensos nas extremidades do horizonte. No enlevo, em que se achavam embebidos, apenas de quando em quando murmuravam uma exclamação de felicidade, um suspiro de amor, que se confundia com o soluçar da fonte vizinha marulhando entre os rochedos.

Caíra a noite, e alguns amigos e fregueses, aproveitando o belo luar, vinham trepando a encosta em demanda da casa de mestre Bueno. Muitos também aí vinham atraídos pelos lindos olhos de Helena. O próprio Gil a princípio também se deixara enlevar pelos encantos da gentil filha do ferreiro;

mas notando depois, que ela e Calixto se amavam extremosamente e que seria uma indignidade de sua parte tentar perturbar uma tão santa e bela união, tratou de acabar logo sua nascente paixão, e se continuava a freqüentar a casa do ferreiro, era simplesmente por estima e amizade, que consagrava tanto ao velho como a seu afilhado. Afonso portanto se havia enganado com as aparências, quando o indicara a Fernando como um dos amantes de Helena.

Outro tanto não acontecia ao Minhoto, que sentia pela gentil rapariga a mais louca e devorante paixão, e que, a despeito de sua abjeta e repelente figura, fazia-lhe a corte e nutria esperanças de conquistar-lhe o coração. Tinha-lhe ela asco e aversão, que não podia dissimular, mas o seu estúpido adorador tinha demasiada confiança no poder do ouro e não desanimava.

Além destes, Helena contava mais uma boa meia dúzia de apaixonados, paulistas e portugueses, que alimentavam mais ou menos esperanças de agradar-lhe, conforme o maior ou menor grau de juízo e discernimento, de que eram dotados. Bueno bem compreendia a razão daquele excesso de assiduidade de certa rapaziada em sua casa mas posto que sempre zeloso e vigilante fazia-se de desentendido, e sorria-se à sorrelfa à custa dos pobres pretendentes esperando desapontá-los todos solenemente em poucos dias anunciando o próximo casamento de Helena e Calixto.

Estes, embebidos em seu mudo entretenimento, quase não davam fé do grupo de adventícios, que subindo a encosta se iam juntando em casa do ferreiro. Mas enfim o tropear de um ginete, que se avizinhava resfolegando, lhes atraiu a atenção. Cavalgava-o um gentil e airoso mancebo, que a certa distância apeou-se e dirigiu-se ao grupo, que se achava em frente à casa.

— É ele!... é o filho do capitão-mor, — resmungou Calixto. — Não sei qual a razão porque esse fidalgote de certos dias para cá deu em freqüentar tanto a nossa casa!?...

— É rico, não tem que fazer, — replicou Helena; — anda a passear e divertir-se.

— Divertir-se!... não é só isso, Helena; esse moço não vem aqui só por mero passeio... quer me parecer, que ele gosta muito de ti.

— E que goste, que te importa isso?... não sabes, que sou toda tua?...

— Bem o sei, minha Helena; não é por tua parte, que eu temo; mas estes fidalgos são insolentes e atrevidos... ah? se ele um dia lembrar-se de te faltar o respeito...

— Não tenhas susto; eu não lhe darei ocasião...

— Queira Deus! Queira Deus!... mas, Helena, vamos a nos recolher; este sereno pode fazer-te mal.

Helena compreendeu que não deviam ficar por mais tempo a sós retirados do resto da companhia, que se achava reunida em frente da casa, e ambos se recolheram. Como o luar estava mui claro, Bueno não havia acendido luz nem fogo, e seus hóspedes, uns debruçados no parapeito, outros do lado de fora, conversavam e chalaceavam alegremente sobre diversos assuntos.

Helena e Calixto recolheram-se e foram sentar-se a um canto da varanda, onde silenciosos e escondidos na sombra escutavam distraidamente a conversação dos circunstantes.

— Então o senhor seu pai já tem notícia da boa têmpera de meus ferros, — dizia mestre Bueno a Afonso, a quem fizera recolher-se à varanda; — pois saiba vossa mercê, que não lhe falaram mentira, e se quer ver com seus próprios olhos, eu tenho aí pronta muita ferramenta de roça e de mineração... mas está isto aqui tão escuro... aí nesse canto deve haver um banco; sente-se e tenha paciência de esperar um bocadito, enquanto vou lá dentro acender luz.

Bueno entrou para o interior, e Afonso às apalpadelas achou o banco, que era o mesmo em que Helena se achava na outra extremidade, quase escondida na escura penumbra, a que de propósito se havia retirado. O jovem fidalgo

21

reconhecendo-a sentiu extraordinário alvoroço de coração. Quis falar-lhe, mas sentiu-se tão acanhado, que não sabia o que dizer-lhe. Entretanto via que a sua boa estrela vinha como que de propósito deparar-lhe aquela ocasião a mais azada possível; achavam-se ali quase desapercebidos em um canto da varanda, enquanto os circunstantes, sem darem fé deles, riam, chasqueavam, palravam em altas vozes. Ninguém os via, ninguém olhava para eles, à exceção do Minhoto, cujos olhos velhacos e ardentes os fitavam através das sombras. Essas sombras deram ao moço certa resolução e ousadia, de que seria incapaz em plena luz. Achegou-se um pouco para o lado de Helena, e pondo-lhe brandamente uma das mãos sobre o braço:

— Porventura, — perguntou-lhe em voz abafada, — não é a linda Helena, que aqui estou vendo perto de mim?...

— Uma sua criada, — respondeu Helena perturbada e inquieta querendo levantar-se.

— Oh! onde vai?... espere. Não pretendo fazer-lhe mal algum; só quero aproveitar a ocasião para dizer-lhe... que... que... morro de amores pela senhora.

— Obrigada, meu senhor; mas eu... não devo lhe ouvir mais.

— Por que não? — replicou o moço detendo-a brandamente pelo braço. Sente-se aí; não seja cruel assim. Ande lá; deixe-me ao menos dar-lhe um beijo aqui às escondidas.

Dizendo isto Afonso se abalançava a enlaçar um braço ao colo de Helena, que em vão lhe resistia, e ia chegar-lhe os lábios à face, quando um punho de ferro, interpondo-se subitamente entre os rostos de ambos, com um forte murro na mandíbula fez rolar no chão o mancebo com a boca ensangüentada.

— Toma! Toma lá o beijo, fidalgote de uma figa!.... bradou ao mesmo tempo uma voz máscula e vibrante.

Era Calixto, que ali achava pertinho de Helena sentado sobre uma ruma de ferramentas quebradas, que ali estavam para consertar-se mesmo no ângulo da varanda. No escuro recanto, em que se havia acocorado, era impossível que Afonso o avistasse. Este levantou-se furioso, e arrancando a espada, — naquele tempo nenhum fidalgo deixava de trazer espada à cinta, — arrojou-se às cegas para o ângulo, donde partira a mão, que tão cruelmente o ofendera. A espada cravou-se na parede, e ao mesmo tempo dous musculosos braços o agarraram por detrás.

— Prendam, prendam este insolente! — gritava Afonso debatendo-se e forcejando por desvencilhar-se dos braços de Calixto.

A este grito Bueno e seus hóspedes imediatamente acudiram e rodearam os dois contendores. Foi um tumulto e vozeria infernal. Os emboabas, e à frente deles o Minhoto, queriam a todo transe levar Calixto preso a presença do capitão-mor.

— Que atrevimento! — gritavam eles; — desfeitear por esta forma o filho de nosso capitão-mor!! Hás de ir ao tronco; desta vez não escapas, meu mequetrefe!

— Se o levarem preso, — bradavam por sua parte os paulistas, — nós também iremos presos com ele. Quem o mandou desrespeitar a filha do nosso amigo?! Retire-se para a casa e deixe-nos em paz.

Entretanto ambos os partidos procuravam apartar a briga e conter Afonso, que perdido de todo o siso com os olhos fervendo em lágrimas de raiva botava-se a Calixto como um possesso.

— Calem-se, meus senhores; — bradou Gil com voz atroadora. — O ofendido aqui é somente o senhor Afonso, assim como foi ele, quem deu causa a todo este barulho. Ele que vá para a casa, e se quiser queixe-se a seu pai, que é quem pode dar ordens.

— Alto lá, senhor! — retorquiu Afonso, sentindo despertarem-se lhe na alma sentimentos cavalheirosos. — Este negócio deve-se decidir somente entre nós dois. Meu pai nada tem que ver com isto. O insolente, que traiçoeiramente me ofendeu, há de algum dia encontrar-se comigo, e hei de vingar-me como de cão, que é. E também quero que nenhum de vossemecês que aqui estão presentes, ponham a mão nesse biltre, que me ofendeu, e nem tampouco, que digam a meu pai a mínima palavra a respeito do que acaba de suceder. Ouviram?...

Os portugueses nada retorquiram a tão imperiosa imposição; na pessoa de Afonso respeitavam o capitão-mor. Os paulistas também aplaudiram as palavras do jovem fidalgo.

— Este sempre mostra ser filho dos campos de Piratininga! — diziam eles.

Afonso sem mais proferir uma palavra apressou-se em montar a cavalo e retirou-se precipitadamente.

Capítulo III

Processo sumaríssimo à meia-noite

Enquanto isto sucedia em casa do ferreiro, o capitão-mor, Leonor e Fernando achavam-se na varanda do grande pátio gozando tranqüilamente o frescor e beleza daquela esplêndida noite de luar.

Também Judaíba, a gentil carijó, ali se achava acocorada aos pés de sua jovem ama, a quem de dia em dia mais se afeiçoava, e com os olhos fitos nela já não parecia mais a ariranha selvática e arisca, mas sim a veadinha mansa, que segue todos os passos de sua dona, e lambe as mãos, que a afagam e alimentam.

— Falta-nos aqui Afonso; que é feito dele? Perguntou o capitão-mor.

— À tardinha saiu a cavalo, — respondeu Fernando; — como o luar está bonito, anda a passear.

— Tenho notado, que de certos dias a esta parte o rapaz tem dado em muito passeador; não me deixa os cavalos sossegarem na estrebaria. Queira Deus não ande metido em cavalarias altas!...

— Não tenha receio, meu tio; Afonso é muito cordato e até mesmo tímido. Não tenho medo, de que se meta em aventuras arriscadas.

— Não duvido; mas em uma povoação como esta cheia de aventureiros audazes e turbulentos, um moço de sua idade e de sua qualidade a estas horas deve-se achar em casa. Não posso tolerar tais desmandos.

Apenas o capitão-mor havia pronunciado estas palavras, entrava precipitadamente pelo portão do pátio um pequeno vulto embuçado em um capote, e subindo dois a dois os degraus da escadaria abre sem pedir licença a cancela da varanda, e pára esbaforido e arquejante em face do capitão-mor.

— O que é isto?... o que aconteceu?... há alguma novidade? — perguntaram a um tempo Diogo Mendes, Fernando e Leonor atônitos e sobressaltados; mas o Minhoto, — pois era ele, — que chegava pondo a alma pela boca, arquejava furiosamente e não podia desde logo satisfazer a ansiosa curiosidade dos interrogantes. Logo, que prorrompera o tumulto em casa do ferreiro, o abjeto e embusteiro emboaba, já com medo de que o barulho tomasse vulto e ele fosse vítima de alguma sova, já por desejo de fazer mal a Calixto, a quem não podia perdoar a decidida preferência, que lhe dava Helena, já por espírito de adulação, querendo ser o primeiro a levar ao capitão-mor a denúncia da ofensa, de que seu filho fora vítima, esgueirou-se de entre os comparsas, e deitando-se a correr pelos estreitos trilhos desceu aceleradamente e aos trambolhões a serra do Lenheiro, e depois de levar bom número de quedas chegou enfim moído e estafado à casa do capitão-mor.

— Que temos de novo, senhor?... não nos dirá enfim?... repetiu Fernando impacientado.

— Uff!! — bufou o Minhoto arquejando; — que caminhada!... estou a botar os bofes pela boca... mas enfim... como é para servir a vossas mercês... dou por bem empregado...

— O que há então?... fala de uma vez, homem...

— Perdoem-me... não é nada menos que uma enorme desfeita... que acabam de fazer... ao senhor seu filho.

— Uma desfeita!... a meu filho!... — bradou o capitão-mor levantando-se exasperado. — Que está dizendo, senhor Minhoto?! Isso é verdade?... Que te dizia eu a pouco, Fernando,... está vendo o resultado dos passeios?... mas diga já depressa, meu amigo, — continuou voltando-se para o Minhoto, — o que foi?... o que foi?... quem foi o atrevido?...

26

— Ah! meu Deus!... que terra de maldição!... murmurou Leonor dentro dalma. — Nem um dia de sossego aqui se pode gozar.

— Que malvados, senhor capitão-mor, — continuava o Minhoto. — Mil forcas que houvessem...

— Deixemo-nos de exclamações. Quem foi, e como foi isso? — atalhou Fernando.

— Foi em casa de mestre Bueno...

— Bom! — refletiu Fernando. — O rapaz afoitou-se enfim. O amor perdeu Tróia...

— Ainda não há uma hora, — continuou o Minhoto, — o atrevido de um rapazola, que é ajudante do tal ferreiro, teve a petulância de levar as mãos à cara dele, à cara do senhor seu filho, entendeu, senhor capitão, e depois...

— Mentes, infame bufarinheiro! — bradou uma voz de pessoa, que subia aceleradamente a escada da varanda.

Era Afonso, que tinha chegado cautelosamente querendo recolher-se sem ser visto a fim de esconder sua afronta e meditar a vingança, que poderia tomar de seu ofensor. Mas o Minhoto o tinha antecipado alguns instantes, e o moço ouvindo do pátio a denúncia do embusteiro emboaba não pôde conter sua indignação. Todos olharam sobressaltados para a cancela, por onde Afonso entrava bruscamente.

— Meu pai, — continuou o moço arrebatadamente, — não acredite neste homem, que não quer mais do que prestar-lhe um serviço por meio de uma torpe delação. Não houve mais que uma simples altercação, e peço a meu pai que se esqueça disso...

— Não, meu filho; — replicou gravemente o capitãomor; — não posso e nem devo esquecer tão depressa. Dizes, que foi uma simples altercação; mas aqui o senhor, que presenciou a pendência, assevera, que foste ofendido. E depois após uma altercação virá outra, e após esta alguma coisa mais séria, e não serás respeitado, como deves ser neste lugar. Nada!... é preciso averiguar este negócio, e pôr cobro a que se não repitam mais tais ocorrências. Fernando, manda vir já e já a minha presença todas as pessoas, que presenciaram o fato! Afonso e o senhor Minhoto devem bem saber, quais os que lá se achavam... Oh! não, semelhante desaforo não pode ficar impune.

O Minhoto ficara aturdido e como que embasbacado com o desplante enérgico, com que tão brusca e inesperadamente fora interrompido por Afonso; mas depois que ouviu o capitão-mor, e viu sua disposição, criou alma nova.

— É justo, é justo, senhor capitão-mor! — exclamou ele empertigando-se todo. — Abra-se já uma devassa, e veremos quem fica mentiroso, com o respeito devido ao senhor seu filho... ele tem o coração bom demais... enfim, senhor capitão-mor, eu sei bem as pessoas, que lá se achavam, e...

— Basta, senhor! — interrompeu o capitão-mor agastado. — Eu sei bem o que devo fazer. Não há perder tempo, diga ao senhor Fernando os nomes das pessoas, que lá se achavam, para se darem as providências.

Esta devassa, em que todos concordaram, e que Afonso em vão procurou obstar, vinha colocá-lo na mais triste e desairosa situação. O moço queria a todo custo senão ocultar, ao menos atenuar a gravidade do desacato, de que fora vítima. Tinha gravado no coração o mais implacável ressentimento contra o seu agressor, e jurava dentro dalma, que um dia havia desagravar-se, e tomar cabal vingança; mas, cavalheiro como era, não queria prevalecer-se da superioridade de sua posição, e tirar desforço por meio da autoridade, que seu pai exercia no lugar. Achava isto ignóbil, e contava vingar-se por suas próprias mãos. Mas a devassa, a que se ia proceder, vinha burlar todos os seus planos e esperanças. Desesperado de raiva na impossibilidade de contestar, o que diriam as testemunhas, foi encerrar-se em seu quarto no firme propósito de não assistir à devassa.

Daí a duas horas pouco mais ou menos achavam-se em presença do capitão-mor, além do Minhoto, Calixto, Helena, Bueno, Gil e todos os mais paulistas e emboabas, que tinham presenciado a pendência, — umas dez ou doze pessoas, — rodeadas de numerosos esbirros. A noite já ia avançada, como bem pode calcular o leitor, e essa devassa a tais desoras tinha certo ar sinistro e inquisitorial.

Interrogados por Fernando, todos sem discrepância confirmaram o fato tal qual nós o deixamos narrado. Os paulistas porém procuravam atenuá-lo dizendo que Calixto apenas dera um leve empurrão em seu adversário a fim de impedi-lo de beijar a face de sua amante, e que se Afonso foi por terra, e ficou com o rosto pisado, foi por estar mal sentado no banco, em que se achava quase às escuras. Os emboabas, pelo contrário, procuravam inocentar a Afonso dizendo que não tinham visto coisa alguma, que pudesse dar motivo ao desacato praticado por Calixto. Toda essa divergência porém dos dois partidos desvanecia-se diante das declarações do indomável Calixto, que contestando a uns e a outros confessava franca e impavidamente toda a verdade.

Por fim de contas ficava mais que averiguado, que Afonso fora vítima de um desacato público e aviltante, e que o autor desse desacato fora Calixto; atentado gravíssimo, contra o qual Fernando reclamou todo o rigor das leis.

— Podem todos retirar-se, que está bastantemente esclarecida a presente devassa, — sentenciou gravemente o capitão-mor. — Ficam porém em poder da justiça o autor do insulto, mestre Bueno e sua filha, para se proceder a ulteriores investigações afim de se chegar ao conhecimento dos que foram ou não coniventes no crime de desacato contra a pessoa de meu filho, Calixto irá para o tronco e os outros serão simplesmente conservados em prisão separada.

E assim se fez. Era por esta forma rápida e sumaríssima, que se instruíam e sentenciavam os processos perante os capitães-mores sem apelação, nem agravo.

Capítulo IV

Noite de vigília e angústia

Essa noite, que havia começado sob tão lisonjeiros auspícios de paz e de bonança ao clarão de um formoso luar, transtornou-se assim inesperadamente em noite de insônia, agitação e sinistras apreensões para quase todos os habitantes de São João. Um fatal acidente havia perturbado repentinamente a seguridade dos ânimos e a tranqüilidade, de que gozavam a mais de um mês. A devassa terminara muito depois de meia-noite, e antes que alvorecesse o dia já a notícia do ocorrido se havia propalado de casa em casa, e enchia toda a povoação.

Os paulistas recolhidos a seus lares começavam a praguejar antevendo novos vexames e perseguições por parte dos emboabas. Estes por seu lado também não dormiram pensando nas conseqüências daquele fatal incidente, e inimigos natos dos paulistas não deixavam de exultar contando com a perseguição, que contra eles moveria o capitão-mor, e principalmente Fernando, que não deixariam de desafrontar a Afonso; já de antemão congratulavam-se pela ruína dos paulistas, cuja ativa concorrência na descoberta e exploração de lavras queriam ver para sempre arredada. Perseguidos, encarcerados, degredados não teriam remédio senão abandonar-lhes inteiramente o terreno.

Na casa do capitão-mor também o sono recusava-se teimoso a descer sobre as pálpebras de seus atribulados habitantes. Afonso achava-se esmagado debaixo do peso da desastrada pendência, que o enchia a um tempo de rancor, de ciúmes, de confusão e de vergonha. Ferido em seu pundonor, em sua vaidade, em seu amor e em seu orgulho o coração lhe sangrava dolorosamente, considerando que não poderia aparecer senão corrido de vergonha e confusão diante de seu pai, de sua irmã, de Fernando e de todos os habitantes do lugar. Recolhido a seu aposento nessa noite nem quis falar a Fernando, e fingindo que dormia dava larga aos acerbos pensamentos, que lhe escaldavam o cérebro; maldizendo-se a si mesmo interiormente e praguejando céus e terra fatigado por fim adormeceu pela madrugada entre as imagens delirantes de mil sonhos de vingança.

A meiga e compassiva Leonor, que sabia de tudo, também não podia cerrar os olhos que não lhe aparecesse à alma a imagem aflitiva da infeliz e formosa Helena, debulhada em lágrimas implorando compaixão para seu pobre e velho pai e seu desditoso amante.

Não podia compreender a necessidade de meter em prisão juntamente com o criminoso aquele pobre velho e aquela interessante menina, que nenhuma parte tinham tomado na ofensa feita a seu irmão. Reprovava no fundo d´alma a dureza de seu pai e maldizia o momento em que este, aceitando esse cargo de algoz, viera para um país, em que nem um mês se passava, em que não se dessem cenas de tumulto, de lágrimas e sangue. Não pôde adormecer pensando nos meios, que empregaria para acalmar a cólera do pai, e obter dele a soltura de Bueno, de Helena, e também, se fosse possível, a de Calixto. Amava seu irmão, mas em sua consciência reta achava justificável o arrebatamento do moço ferreiro. Lembrava-se de Maurício, e considerando qual não seria sua angústia, se o visse na mesma situação, não podia deixar de condoer-se profundamente da sorte dos dois amantes.

Estes não mui longe dela, debaixo dos mesmos tetos, gemiam em ignominiosa prisão sem se poderem consolar e confortar um ao outro. Helena e Bueno, postos em prisão separada, mas em um quarto contíguo àquele, em que Calixto se achava com os pés metidos no tronco, ouviam seus gemidos abafados, suas imprecações terríveis soluçadas entre ranger de dentes e contorções de desespero sem poderem vê-lo nem alentá-lo, e nem ao menos com ele se lastimarem. Uma guarda impunha-lhes silêncio, ameaçando-os com os mais bárbaros castigos.

Leonor, ainda que alojada em um aposento bastante afastado do lugar das prisões, cuidava às vezes ouvir-lhes os gemidos surdos; e esperava impaciente o alvorecer do dia suspirando pelo momento em que lhe fosse permitido levantar-se e ir oferecer algum lenitivo àqueles desgraçados.

Só Fernando exultava interiormente à custa das angústias e sofrimentos, que abrigava o edifício naquela noite cruel.

Essa noite, precursora e prometedora de tristes acontecimentos, era para ele uma aurora de regozijos e esperanças.

— É chegado enfim o ensejo, por que eu tanto suspirava! — murmurava ele d'alma. — Incomparável Helena!... tu foste um anjo lançado em meu caminho! Só mesmo uma Helena, — este nome é fatídico, — podia fazer tão boa cama para seus patrícios, e dar-me ocasião tão azada para zurzí-los a meu gosto. Estes amoricos do toleirão do meu primo vieram cair na presente conjuntura mesmo como a sopa no mel. Os fanfarrões do Maurício e do Gil hão de por força querer intrometer-se neste negócio, e eu cá os tenho fechados na mão. Leonor, se não queres conceder-me o teu amor, ao menos hei de fazer-te sentir cruelmente o peso de minha vingança, e depois... depois não terás remédio senão curvar-te a meus pés e ceder-me a tua mão.

Maurício, Gil e Antônio, reunidos na casa do primeiro, também comentavam a seu modo o acontecimento da noite entregues às mais sombrias apreensões.

— Não te desenganarás ainda, Maurício? — dizia Gil a seu amigo. — É impossível, por mais que nos curvemos, por mais que nos mostremos submissos e sofredores, é impossível viver em harmonia com esta cáfila de zangões inimigos de nosso sossego, cobiçosos de nosso ouro, invejosos de nossa felicidade. Querem tudo nos arrancar, nossa terra, nosso ouro, nossos escravos, nossos filhos, nossas amantes, nossas mulheres, e para obter tudo isso não duvidarão arrancar-nos a própria vida. Não vejo outro recurso, ou nós todos paulistas havemos de abandonar-lhes estas malditas minas, ou havemos de nos fazer respeitar com as armas na mão.

— Mas donde provém tudo isso,Gil? — replicou Maurício. — Da malvadez de um só homem, já mil vezes te tenho dito. É só Fernando, quem assanha os ódios, por que assim convém a seus malvados intentos. Se pudéssemos arredar e fazer desaparecer desta terra o infame secretário de Diogo Mendes, oh! como as coisas correriam de outro modo!...

— Não duvido, mas por que meio poderemos conseguir isso?...

— Nada mais fácil, — acudiu Antônio com vivacidade.

— Antônio tem um punhal bem afiado, flechas, que não erram o alvo e uma escopeta, que não nega fogo, e além disso olho vivo e mão segura.

— Oh! bem o sabemos, Antônio, — atalhou Maurício; — matá-lo é bem fácil; mas isso seria infame e indigno de nós. Demais esse assassinato em nada nos aproveitaria; antes iria agravar mais nossa posição assanhando o furor do capitão-mor e de toda sua gente.

— Pois é crime matar uma onça, que quer devorar a gente? — perguntou Antônio.

— É, Antonio, — respondeu Gil, — é, quando essa onça só se ceva no sangue dos paulistas. Ele todos são contra nós, nós devemos ser todos contra eles.

— Não é assim, Gil; — replicou Maurício. Se não fosse Fernando, o capitão-mor seria incapaz de nos mover tais perseguições; eu o conheço há muito tempo.

— E que importa isso, se existe o tal Fernando, e se tangido por ele o capitão-mor nos persegue, nos esbulha e nos oprime?... se esse Fernando é o seu homem de confiança, o seu válido, a sua cabeça e o seu braço ao mesmo tempo, e se nada é capaz de levá-lo a desfazer-se de semelhante homem?...

— Um dia ele virá a conhecer os cálculos pérfidos e interesseiros do homem em quem tão cegamente se confia...

— Sim! Sim! Um dia!... e até lá esperaremos resignados gemendo ao peso dos ultrajes e da mais aviltante opressão, até que apraza à Divina Providência abrir os olhos do senhor capitão-mor... isso terá lugar talvez, quando todos nós tivermos morrido às garras desses malsins avaros...

— Talvez não nos seja preciso esperar tanto, e não serei eu também, que tenha tanta paciência. Hoje mesmo, Gil, ah!... se não fosse Leonor, que me sopêa a cólera, e me suspende o braço...

— Ah! esse teu amor!... esse teu amor!... foi um presente funesto do céu, uma estrela de má ventura, que luziu para ti e para nós todos.

— Não fales assim do meu amor, Gil, que me despedaças o coração, — disse Maurício sorrindo tristemente. — Esse amor pode ser um dia o farol de nossa salvação, o astro medianeiro da paz e da concórdia, de prudência...

— E que pretendes tu, que esperas mais, meu amigo?... esperas acaso que o capitão-mor te dê a mão de sua filha, não vês que essa tua paixão insensata só pode trazer em resultado a infelicidade tua, dela e talvez de nós todos? Se tivesses mais força de alma, há muito terias renunciado a esse mal aventurado amor...

— Oh! decerto eu o faria, se não tivesse a certeza, que ela também me ama com igual extremo. Então seria eu só o infeliz, e iria para bem longe dela procurar esquecê-la, ou morrer de mágoa e de saudade. Mas ela também me ama e eu não devo abandoná-la aqui entregue a seus inimigos; os meus inimigos são também os dela . É por ela, que eu tremo, Gil. As onças, os selvagens, o furor de nossos patrícios, não é nada disso, que eu mais receio por ela; é de Fernando

34

que eu temo tudo, de Fernando, que ela detesta, e que jurou possuí-la, e que para esse fim não recuará diante de meio algum, de Fernando, a quem a cega confiança do capitão-mor facilita a execução dos abomináveis desígnios forjados na mente daquele perverso. É por isso que eu aqui estou, e aqui devo ficar a pé quedo vigilante e pronto a protegê-la a todo transe mesmo em despeito do capitão-mor e toda a sua gente. É por isso, que aqui ficarei vigiando aquele depósito sagrado, que o céu confiou à minha guarda, como quem defende o ninho da inocente rola, em volta do qual vagueia a jararaca astuta procurando devorá-la.

— E também Antônio aqui há de ficar com o patrão, — exclamou o índio com exaltação, — porque Antônio lá tem a sua rola nas garras do gavião. Aqui há de ficar, até que ela lhe seja entregue, e se não quiserem entregá-la, Antônio ou por força ou por astúcia há de arrancá-la de lá.

—Dizes bem, Antônio, — replicou Gil. — Agora lá geme outra rola prisioneira, a noiva do infeliz Calixto; amanhã virá uma quarta e depois mais outra e mais outra, por que estes nossos dominadores não só nos querem impedir de aproveitar o ouro desta terra, como também nos não permitem termos amantes, nem mulheres. Por mais, que faças, Maurício, com tuas prudências e acomodações, as cousas vão tomando péssimo caminho. Com elas não se aplaca a sanha de nossos inimigos; há sempre o mesmo ódio, a mesma inveja, e isto não se acabará senão com muito sangue.

— Não duvido, Gil; infelizmente dizes talvez a verdade; mas entretanto deixa-me ainda fazer uma tentativa neste negócio do Calixto... quem sabe? talvez possa conseguir ainda alguma cousa a bem de nosso sossego e tranqüilidade.

— Vai, Maurício; não posso, nem devo impedir-te; mas vais perder teus passos; o capitão-mor jamais perdoará o ultraje feito a seu filho, e Fernando não se resignará a perder este belo ensejo de nos mover a mais crua perseguição.

— Embora; farei sempre uma tentativa, se nada conseguir, tanto pior para eles.

— Vai, patrão, — acudiu Antônio, — vai enquanto eu cá fico amolando nossas armas, e escorvando nossas escopetas.

— Bem falado, Antônio, — retorquiu Gil, — a esta gente só se fala com a boca da espingarda.

O dia começava a despontar.

Capítulo V

Perdão pior que a pena

Ao romper do dia, que seguiu-se a essa noite angustiosa, toda a população amanheceu em alvoroço e ansiosa curiosidade. Mestre Bueno era um velho muito conhecido e geralmente estimado pelos habitantes do lugar, já como homem de bem, serviçal e prestimoso, já como habilíssimo ferreiro, freguês quase exclusivo de todos os mineiros quer paulistas, quer forasteiros. Calixto também era estimado e benquisto de todos, à exceção de alguns rivais, pretendentes ao amor de Helena, que o olhavam de revés, e o achavam de gênio sumamente áspero e assomado. Helena era uma pomba meiga e inofensiva, que se perturbava o sossego de alguns corações, era sem o querer, pelo encanto de seus olhares e de sua figura sedutora.

A todos pois devia afligir e consternar o funesto acontecimento daquela noite. Os serviços ficaram abandonados, as lavras desertas, e grande agitação se notava pelas ruelas da pequena povoação.

Afonso, acordando amargurado com a lembrança do desastrado acontecimento da véspera, ruminou ainda antes de levantar-se uma multidão de idéias e planos desencontrados. Não podia deixar inulta a cruel afronta, de que fora vítima, mas que gênero de vingança poderia tomar? eis aí o ponto, em que hesitava fazendo e desfazendo mil projetos sem saber em qual deles se fixar. Abandonar seu ofensor à cólera paterna e esperar da autoridade a sua desafronta parecia-lhe pouco nobre e indigno de um fidalgo; queria vingar-se por si mesmo e por suas próprias mãos, mas como?

Iria provocar seu adversário a um duelo? mas seu pai lhe dizia muitas vezes, que a espada de um fidalgo não se arranca contra um mísero peão, e desonra-se medindo-se com a dele. —

O melhor e mais seguro meio de vingança, que se lhe oferecia ao espírito, era ferir o adversário na corda mais sensível de seu coração roubando-lhe a amante. Assim o amante em desespero infalivelmente o provocaria, e teriam de bater-se forçosamente, sem que ninguém pudesse intervir, e ou ele o mataria, ou lhe morreria às mãos. Para levar porém a efeito semelhante plano surgiam mil dificuldades, e Afonso não atinava com os meios de obviá-las.

Enfim já com o espírito fatigado e com a cabeça a arder entendeu que devia abrir-se com alguém que o orientasse no intrincado labirinto de seus pensamentos, e com quem melhor se poderia entender senão com o seu habitual confidente e conselheiro, seu primo Fernando? Foi este mesmo quem provocou a confidência.

— Então, Afonso, — foi este o cumprimento de bom dia, que Fernando deu a seu primo, — então que diabo andaste tu fazendo ontem lá por casa do ferreiro? estás ainda muito bisonho no traquejo destas cousas. Se tivesses tomado primeiro algumas lições, não te sairias tão mal.

— Em que me saí mal porventura? — replicou vivamente o mancebo. — Fui atacado por um cão, mas não me deixaram espancá-lo; eis aí tudo.

— Anda lá, — retorquiu Fernando batendo amigavelmente no ombro do mancebo; —confessa que foste bastante desajeitado e que a cousa não te saiu muito airosa; isso porém não faz mal; tranqüiliza-te, meu rapaz; sem o querer e assim atabalhoadamente preparaste o terreno de um modo admirável.

— Como?...

— Ora como!... esse insolente Calixto, que teve a petulância de tocar-te, terá de sofrer prisão por muito tempo, ou será degredado, o que é melhor ainda, e a tua Helena aí

38

ficará à tua disposição livre e desimpedida do importuno jacaré, que tanto a vigia.

— Eis aí em que não posso consentir; meu pai nada tem que ver com isto; foi uma insignificante pendência entre mim e o miserável perro; o ofendido fui eu só; a mim só compete desafrontar-me; não quero por modo nenhum, que meu pai se meta nisto.

— Mas como, se é dever dele castigar este insolente?...

— Mas eu sou o ofendido, e perdôo ao meu ofensor...

— Imbecil que tu és!... então como falas em vingança?

— A vingança fica a meu cargo, somente a meu cargo.

— Mas de que maneira poderás vingar-te?... de nenhuma, e esse atrevido, que te pôs a mão na face, irá para os braços de sua Helena gozar de seu triunfo escarnecendo de ti.

— Por Deus, que não há de ser assim Fernando!... hei de vingar-me, e hei de disputar-lhe a todo transe mas sem auxílio de meu pai, nem de quem quer que seja.

— Mas por que meio não me dirás?

— Não sei; o demônio da vingança e do ciúme mos há de inspirar.

— Não duvido, — disse Fernando como a refletir; — e até, se me não engano, o tal demônio já te está inspirando. Com este teu proceder estouvado e romanesco, sem o pensar vais preparando um plano, que pode surtir o mais completo resultado, e facilitar-te a mais cabal vingança no sentido, em que a queres.

— Deveras!?... mas... explica-te.

— Queres perdoar ao teu ofensor, não é assim?

— Quero, sim, para melhor poder vingar-me dele.

— Pois bem; será perdoado em teu nome, e estou certo, que esse perdão o humilhara e doerá tanto na alma como o mais rigoroso castigo.

— Embora! tanto melhor.

— Esse maroto será perdoado e posto em liberdade, mas não sem levar antes uma formidável corrimaça de bolos, que lhe sirva de lembrete em todos os dias de sua vida para não cair noutra.

— Mas eu já disse que perdôo; não quero que o castiguem...

— Não te importes com isso; esses bolos não são por tua conta, são por conta de teu pai, que tem a estrita obrigação de corrigir as crianças turbulentas e malcriadas. Há de tomá-los, e depois será solto juntamente com o velho bronte.

— E a Helena?...

— Aí é que está o delicado do negócio. Helena tem de ficar aqui detida por enquanto.

— Detida!?... mas por que motivo, se ela é inocente?

— És muito simples, meu Afonso. Se ela também ficar livre e solta, em que poderá consistir a vingança? Conservá-la aqui é a condição essencial do plano, que deves seguir para possuir Helena, e vingar-te de Calixto. Só com esse fato ele ficará raivando, e rebentará de ciúme e desespero, e tu saborearás desde já os primeiros tragos de um princípio de vingança.

— Mas ela nenhum crime cometeu para ser metida em prisão...

— Não há aí nenhuma prisão; fica simplesmente detida; morará conosco em vez de morar com o pai e o amante, e nisso creio, que ela nada perde. Estando ela aqui fica ao teu cuidado empregar os meios a teu alcance para subjugar e vencer a isenção da menina. És um formoso Páris, e não te será mui difícil seduzir esta nova Helena, que aliás não é esposa de nenhum rei Menelau. Quanto a pretexto, isso nunca falta. Porventura não se acha aqui a tanto tempo essa outra caboclinha, filha daquele maldito bugre feiticeiro?... que crime cometeu ela também; e que mal lhe faz o estar aqui. Além de tudo, a casa do tal ferreiro estava se tornando um verdadeiro lupanar, um foco de desordem, tudo por causa dessa Helena, que para lá atraía uma corja de vadios. Eis aí um pretexto, senão um motivo muito justo para arredá-la dali.

Por algum tempo estiveram os dois primos conferenciando sobre o assunto. Afonso, que conservava ainda no coração alguns restos de bons e nobres sentimentos, a princípio relutou em anuir ao plano de Fernando; mas este já com astuciosas e insinuantes considerações, já por meio de ridículo conseguiu com arte diabólica eliminar da consciência do jovem fidalgo os derradeiros escrúpulos, que aí restavam, e Afonso, instigado pelo ciúme, pelo orgulho e pelo sensualismo, três móveis poderosos, que Fernando soubera admiravelmente estimular naquela alma jovem e inexperiente, acabou por achar excelente e abraçar com entusiasmo o pérfido e ignóbil meio de vingança, que lhe era sugerido.

Deixando Afonso, Fernando foi conferenciar com o capitão-mor. Daí a uma hora pouco mais ou menos ambos eles se dirigiam ao salão, e mandaram vir à sua presença os três prisioneiros. Grande porção de povo se agrupava em torno do edifício rumorejando como ondas, que começam a agitar-se às primeiras lufadas de um furacão.

Maurício, como prometera a seus amigos, também se apresentou e pediu ingresso na sala. O capitão-mor sentou-se à cabeceira de uma grande mesa, tendo Fernando à sua direita e Afonso à esquerda. Achava-se ali também certo número de pessoas curiosas, que ansiavam por ouvir a sentença, que o capitão-mor lavraria contra o infeliz Calixto.

— Senhor Calixto, — disse o capitão-mor em tom grave e solene, — Vm. cometeu um crime atroz gravíssimo, o qual segundo as nossas ordenações, deve ser punido com açoutes, com degredo e confisco de seus bens, se os tiver. Dê porém parabéns à sua fortuna, e à generosidade do ofendido, que não quer que eu use para com Vm. do rigor das leis.

Ouviu-se um murmúro de aprovação; todos os peitos respiraram desafogados, e todos os olhos volveram-se benignamente para Afonso.

— Ele, portanto, — continuou o capitão-mor, — lhe concede o perdão da ofensa recebida, e eu também da minha parte, tendo em consideração a sua pouca idade, e o motivo da paixão, que o levou a esse ato de violência contra a pessoa de meu filho, quero usar para com Vm. de alguma clemência, e somente o condeno a oito dias de prisão, durante os quais todos os dias Vm. terá de ser castigado publicamente ali no meio do pátio com duas dúzias de bolos.

A estas palavras um sussurro confuso, um frêmito de horror circulou por todos os assistentes. Calixto tornou-se lívido como um cadáver; os olhos se lhe escureceram, as pernas vacilaram, e a cabeça lhe andou à roda; foi-lhe mister encostar-se a Bueno, que estava junto dele para não cair. Helena soltou um grito de pavor, e Bueno exalou um gemido surdo e ameaçador, como o ronco do sucuri no fundo da lagoa, quando ouve o trovão roncar ao longe.

— Mestre Bueno, — continuou o capitão-mor, — como nenhuma parte teve na pendência, seja desde já posto em liberdade, e sua filha será detida por ora nesta casa até segunda ordem.

— Senhor capitão-mor, — exclamou Bueno com voz angustiada, que vou eu fazer em minha casa sem minha filha e sem Calixto?... Sou um pobre velho, que por mim só nada valho. Ou restitua-me meus filhos, ou deixe-me também aqui ficar preso com ele.

— Não tem réplica, — atalhou secamente o capitão-mor, — estão dadas as minhas ordens. Não faltará quem o ajude, enquanto Helena e Calixto não voltam para sua companhia. E antes que alguém mais se lembre de pôr-lhe embaraços, desde já comece a execução da sentença. Esbirros!

— disse o capitão-mor, levantando-se, — ponham Bueno em liberdade, levem o delinqüente para o pátio, e apliquem-lhe os bolos, a que o condenei.

A estas palavras seguiu-se por alguns momentos um silêncio fúnebre; uma espécie de estupefação apoderou-se da maior parte dos assistentes, que sentiam gelar-se-lhes o coração em um sentimento indefinível de terror, de pejo, de indignação e de assombro ao verem aquele belo e altivo adolescente condenado tão brutalmente ao mais bárbaro e ignominoso suplício.

Foi o próprio Calixto quem interrompeu aquele lúgubre silêncio.

— É debalde, senhor capitão-mor, — rosnou ele com voz convulsa levantando ao céu os punhos trêmulos e crispados; — é debalde!... ninguém me tocará com esse vil instrumento!... podem picar-me em pedaços, eu não me sujeitarei.

E lágrimas de fogo lhe saltavam aos pares dos olhos fuzilantes de cólera e desespero.

— Agarrem-no e cumpram a sentença, — disse terminantemente o capitão-mor dirigindo-se aos beleguins. Imediatamente estes agarram-se vigorosamente aos braços de Calixto e o vão arrastando para fora. Mal porém o paciente voltando as costas para a mesa tinha dado dois ou três passos cambaleantes pelo salão, seu corpo estirou-se rijo como barra de ferro, os dentes lhe rangeram horrivelmente, a fronte se lhe inundou em bagas de suor frio, os olhos se enrubesceram e dilataram como querendo saltar fora das órbitas, e ele teria caído redondamente no pavimento, se os dois beleguins, que o agarravam, não lhe amparassem a queda. Não fora aquilo um simples desmaio; o pejo, o desespero, o furor impotente e concentrado tinham determinado no organismo do brioso e infeliz mancebo a mais horrível e violenta crise nervosa.

Helena, que no auge da angústia e do terror contemplava aquela sinistra e dolorosa cena, solta um grito lamentoso, com os braços estendidos, avança dois passos para seu amante, vacila e cai também desmaiada. Aflito e pressuroso Bueno corre em socorro dela, e a levanta nos braços vigorosos. Aquele triste e angustioso espetáculo aterra e compunge todos os espectadores. O próprio capitão-mor condoeu-se dos míseros mancebos, e exprobrou-se a si mesmo sua dureza e crueldade. Os emboabas mesmo naquele momento esqueceram sua animosidade contra os paulistas, e acercaram-se dos dois jovens desmaiados cheios de solicitude e comiseração. Mas foi sobretudo no coração de Afonso, que essa deplorável cena produziu a mais amarga e violenta impressão. Não tinha ele ainda perdido os seus naturais bons instintos a despeito do quotidiano cuidado que Fernando empregava para corromper-lhe o coração. Considerava que ele fora o provocador, a causa primordial e culposa daquele triste acidente, que sem ele não se teria dado, e sentia remorso e pejo de si mesmo. Queria perdoar de todo, não como a pouco para ter ensejo de vingar-se por si mesmo, mas para reparar uma desgraça, que lhe pesava na consciência. Foi portanto impelido pela mais sincera e profunda emoção, que se resolveu a falar a seu pai intercedendo por suas desditosas vítimas.

— Meu pai — exclamou ele com voz comovida mas firme e resoluta, — o perdão ou deve ser completo ou nenhum. Se julga que merece a pena da lei, aplique-a em todo o seu rigor; desterre esse moço. Mas se quer perdoar, como é o meu desejo, mande já pô-lo em plena liberdade, e quando não, castigue-me a mim também, que sou tão culpado como ele.

Os circunstantes acolheram estas palavras com murmúrio aprovador. Fernando olhou de esguelha para seu primo.

— Que parvalhão! — refletiu ele, — mas enfim que me importa! porque me embaraça, que esse biltre seja ou não castigado. Fique por cá a Helena, e as cousas irão seu caminho.

O capitão-mor, que a muito custo representava o papel de homem severo e rigoroso naquele negócio, sentia abrandar-se a sua cólera e folgou de achar um pretexto de mostrar-se mais humano e misericordioso.

— Pois bem, — disse ele depois de ter conversado em voz baixa com Fernando por alguns instantes, — acabemos com isto; já que assim o querem, soltem esse mancebo juntamente com o velho. Helena porém ficará por enquanto em nossa casa.

Em vão Bueno rogou, e Maurício e o próprio Afonso intercederam, para que Helena acompanhasse seu pai; o capitão-mor entendeu que tanta condescendência era excessiva, e revelava nímia fraqueza de sua parte. Por tanto mostrou-se inabalável, com o que Fernando, que o insuflava, muito folgou.

Maurício, que ali viera também para interceder em favor das vítimas, viu com prazer aquele negócio terminar-se felizmente sem ser precisa sua intervenção.

Helena, com os socorros que lhe prestaram, em poucos instantes recobrou os sentidos; mas Calixto, hirto e lívido, conservava-se imóvel estendido sobre a pavimento como um cadáver, a que só faltava a mortalha. Helena, mal abriu os olhos, lançou-se sobre ele ululante e em soluços, e com suas lágrimas e beijos conseguiu chamar à vida o amante a quem socorros estranhos nada tinham aproveitado.

— Vai-te em paz, bom velho, — disse o capitão-mor a Bueno; — não te dê cuidado a tua filha que aqui nenhum perigo corre, e nem será maltratada. Toma cuidado, em que tua casa não se torne mais ponto de reunião de vadios e turbulentos, e vai-te em paz tratar de forjar teus ferros.

— Sim, maldito emboaba, — resmungou consigo o velho bronte; — esse será o meu cuidado; tratarei de forjar ferros bem agudos e temperados, que te rasguem as entranhas a ti e a todos os teus.

45

Capítulo VI

Começo de conspiração

É impossível descrever o estado, em que Bueno e Calixto voltaram para a casa.

Iam silenciosos, arrancando das entranhas, de quando em quando, surdos e profundos suspiros. Nada tinham que dizer, nem explicar um ao outro; o fel, que estava no coração de um, também fervia no coração do outro; ambos esses corações sangravam igualmente ao golpe do mais vivo e cruel ultraje, e sem se falarem compreendiam-se admiravelmente. Assim foram caminhando sempre taciturnos, ora cabisbaixos e sombrios, ora fitando os olhos no céu como invocando o castigo de Deus sobre a cabeça de seus perseguidores.

— Que iremos fazer agora, padrinho? — perguntou Calixto ao chegarem em casa.

— Ainda perguntas? — replicou o velho. — Que havemos de fazer senão armas?... armas bem fortes e aguçadas para rasgarmos o coração de nossos perseguidores. Nossas afrontas têm de ser lavadas no sangue do emboaba, meu filho, e isso mais breve do que pensas.

— Pronto! pronto! padrinho, mãos à obra! também eu mais que ninguém tenho sede desse sangue...

Passaram-se alguns dias de morno e lúgubre sossego. Havia entretanto no fundo desse aparente remanso, alguma cousa como um sussurro surdo e profundo, que pressagiava próximo temporal. Fernando reativava suas medidas vexatórias contra os paulistas. As reuniões e caçadas lhes eram de novo proibidas, e só às escondidas e misteriosamente podiam agrupar-se para se queixarem dos males e perseguições, que sobre eles pesavam, e consultarem-se sobre os meios de lhes opor um dique.

Os forasteiros tornados cada vez mais insolentes provocavam e insultavam constantemente aos paulistas. Estes, por conselho de seus chefes, procuravam conter-se e abafavam seu ódio; mas nem por isso deixava de ir todos os dias um deles, por delações de seus inimigos, encher a prisão e alisar o tronco.

Gil julgava-se já desobrigado da promessa, que fizera a Maurício, de nunca provocar, antes procurar acalmar as animosidades. Tornara-se todavia mais avisado e discreto, e tratava de preparar os elementos para uma resistência mais séria e bem combinada. De todos os seus patrícios, à exceção de Maurício, já não havia um só, que não votasse mortal aversão a tudo quanto era português, e que não esperasse impaciente por um grito de revolta, viesse donde viesse, para lançarem-se como lobos esfaimados sobre os emboabas, e estrangulá-los como as víboras. Estavam todos persuadidos, que se não quisessem ser algozes, seriam inevitavelmente vítimas de seus adversários. Podiam contar também como auxiliares muitos escravos índios e africanos, que comungavam no mesmo ódio contra os emboabas, e que estariam prontos a insurgirem-se ao primeiro sinal. Faltava-lhes porém combinação; faltava-lhes um chefe hábil e resoluto, que os pudesse levar à revolta com esperança de feliz resultado. Os elementos de discórdia se acumulavam de dia a dia, e ameaçavam prorromper em breve em terrível explosão. Gil bem o via, e atilado como era, bem compreendia, que se uma tal revolta viesse a rebentar por si mesma, sem combinação, sem plano traçado de antemão, em vez de melhorar a condição dos paulistas, viria por falta de resultado tornar ainda pior a sua já tão deplorável situação.

Seu pensamento fixo foi pois organizar a insurreição de modo a garantir-lhe um pleno sucesso. Nesse intuito dizia continuamente a seus conterrâneos impacientes:

— Esperem; tenham um pouco de paciência; preparem-se, que em breve tomaremos cabal desforra desses zangões.

O chefe, que se apresentava ao espírito de todos como o mais popular, simpático e hábil, era seguramente Maurício; mas suas relações pessoais, e seu fatal amor pela filha do capitão-mor o manietavam, sopeavam-lhe os brios de paulista, e o tornavam suspeito à maior parte dos seus com grande mágoa e desgosto de Gil. Esperava este, contudo, que os acontecimentos arrojariam por fim a Maurício em hostilidade aberta contra o capitão-mor. A rivalidade e ódio de Fernando não tardaria em cavar um abismo de separação entre ele e a família de Diogo Mendes. Este fenômeno todavia já por demais se fazia esperar. O negócio de Helena, tendo-se resolvido por uma maneira aparentemente pacífica, deixava Maurício nutrindo ainda suas vãs esperanças de quietação e concórdia, e sem ânimo de romper definitivamente com os emboabas.

Também por seu lado Gil, preso pela estreita e íntima amizade que o ligava a Maurício, via-se bastantemente embaraçado. Compreendia a melindrosa situação de seu amigo, e repugnava-lhe tomar uma atitude, que o iria colocar em hostilidade contra ele, fazendo guerra de morte àqueles, por quem Maurício tanto se interessava, e a quem a todo transe procurava salvar do ódio de seus patrícios. Para ele, era claro que Maurício tomava a seu cargo uma tarefa impossível, querendo por meios regulares e prudentes compor as animosidades e acalmar os ódios; mas o amor é cego, e uma alma, que se alimenta essencialmente de amor, nada julga impossível. Impacientado soberanamente, Gil todavia deliberou esperar mais algum tempo, certo de que da casa do capitão-mor não tardaria a partir contra Maurício alguma afronta, que o fizesse voltar-se enfurecido contra aqueles a quem afagava.

Por prévio ajuste achavam-se reunidos na casinha de mestre Bueno, este, Maurício, Gil, Calixto e Antônio. Era alta noite; em razão das medidas vexatórias e da espionagem exercida pelos agentes de Fernando não podiam os paulistas reunirem-se senão clandestinamente e com grandes precauções. O motivo, que agora reunia os cinco personagens, reclamava especialmente o maior segredo e circunspeção; iam tratar dos meios de se livrarem da opressão e vexames, que os emboabas, cada vez mais ávidos e insolentes, faziam pesar sobre os paulistas; era já o começo de uma conspiração. A noite estava tenebrosa, e eles achavam-se na varanda e às escuras. Posto que a casinha fosse bastante afastada e segregada do resto da povoação, era de lá avistada, e qualquer luz ou fogo, que acendessem àquelas horas, poderia despertar suspeitas.

O jovem Calixto, até ali tão lesto, jovial e expansivo, depois da afronta, de que fora vítima, e depois que não via mais Helena a seu lado, tornava-se sombrio e taciturno; aquele golpe o havia fulminado; em sua alma só havia rancor e pesadume, e mais parecia um ancião desventurado, do que o belo e vigoroso mancebo de há poucos dias.

O leitor não deve estranhar que Antônio, sendo um pobre índio escravo, tomasse parte em conchavo e deliberações de tanta importância e melindre como as de que se ocupavam nessa ocasião. O leitor terá compreendido que Antônio não era propriamente um escravo, mas o companheiro fiel, o amigo de Maurício. Discreto e perspicaz, além de fiel e dedicado, merecia-lhe toda a confiança. O capitão-mor, que era o seu verdadeiro senhor, ou porque pouco se importasse com Antônio, ou porque atendesse à afeição, que desde menino o ligava a Maurício, lho tinha inteiramente abandonado, e o índio, aproveitando-se desta liberdade, jamais se separara de seu patrão moço. A cooperação de Antônio na empresa, a que pretendiam atirar-se, era não só útil, como mesmo indispensável.

— Creiam, meus patrões, — dizia o velho ferreiro batendo com a mão áspera e tisnada sobre o peitoril da varan-

49

da, — é só à força de ferro e fogo que estes lobos esfaimados de ouro nos darão sossego e liberdade. Já tenho mais de quarenta zagaias com suas competentes choupas bem aguçadas para vararem as tripas de quarenta emboabas, e estou consertando um resto de escopetas, punhais e espadas, que aí tinha; por falta de armas não havemos de nos sair mal. Velho assim mesmo ainda conto mandar ao inferno uma boa dúzia desses cães tinhosos.

— Cá por mim, — exclamou Calixto, — só espero que se dê a voz de mata emboaba. —Ninguém mais do que eu tem sede do sangue desses malditos.

— E Antônio também está pronto, — disse o índio a seu turno. — Sua escopeta não nega fogo e sua flecha, que vara o couro rijo da anta e da suçuarana, é capaz de trespassar dez emboabas de um só tiro. Mas contra meu patrão velho, — Antônio não sabe mentir e fala com o coração na boca, — contra ele e minha sinhá Leonor, Antônio nunca há de levantar a mão. Ele é meu pai; foi ele quem me deu este irmão, que aqui está, — terminou apontando para Maurício.

— Ah! sim! — retorquiu vivamente Calixto, tu esperas ainda, que essa mão, que hoje te afaga, te esbofeteie, para amanhã te vingares!... espera, Antônio, espera, que não tardará a tua vez. Ainda arrancando-lhes o coração não cevo bastante o ódio, que tenho a esses malditos. Se ainda se contentassem com o ouro, que nos roubam... mas não; querem nos governar dentro de casa; querem ter o direito de vir requestar em nossas casas e a nossos olhos nossas noivas, nossas mulheres, nossas filhas, e se os repelimos, somos castigados com prisão, com tronco, com bolos, além de no-las roubarem!... ah! isto não se pode aturar por muito tempo sem rebentar de raiva e desespero!...

— Calixto diz a pura verdade, — ponderou Gil. — Aqui estão três, que lá têm enclausuradas as suas amantes por um mero capricho de nossos tiranos. Maurício, julgas que jamais poderás obter a tua Leonor, por mais que ela te ame, sem mover guerra aberta e implacável ao capitão-mor, ou pelo menos a esse Fernando, que te disputa com a superioridade, que lhe dá o nascimento, o parentesco e a posição, que ocupa junto a Diogo Mendes?... E tu, Antônio, saberás me dizer, qual a razão porque nos não querem restituir Judaíba?...

— Não sei, — respondeu o índio, — mas eu vou lá sempre, e sei que Judaíba é e será sempre de Antônio, e ai de quem tiver o atrevimento de querer tomar-lha!... sinhá Leonor já prometeu que Judaíba havia de se casar com Antônio.

— Que esperança! — exclamou Gil; — o capitão-mor não duvido, que condescenda com esse inocente desejo da filha; mas lá está o implacável inimigo de teu amo; lá está Fernando, que te detesta pelo simples fato de tua amizade e dedicação a Maurício, e Fernando é ali quem põe e dispõe de tudo. Dá graças a Deus, Antônio, se abusando de sua simplicidade de selvagem não tentaram pervertê-la...

— Não fale assim, meu branco, — bradou o índio, levando a mão convulsa ao cabo da faca; — ai daquele, que ousar tocar em um só fio dos cabelos de minha Judaíba! esta faca irá beber-lhe todo o seu sangue.

— E tu, Calixto, — prosseguiu Gil, — consentirás que lá fique a tua Helena em poder deles, em companhia de dois moços dissolutos e libertinos? poderás dormir tranqüilo um só momento, sem que te sangre o coração de rancor, de inquietação e de angústia mortal, enquanto a noiva de tua alma se acha entregue às mãos daqueles algozes, ladrões da propriedade, do sossego, da honra e da felicidade de nós todos?... Não, não pode haver mais contemplação; já demais temos tragado o fel da humilhação, do desprezo e da mais tirânica perseguição. Ficam-nos três partidos a escolher: ou havemos de nos retirar todos abandonando à cobiça e ambição de nossos perseguidores estas ricas minas, que nossos patrícios descobriram arrostando mil riscos e fadigas; ou nos devemos entregar a eles como escravos, nós e tudo quanto é nosso, trabalhando para enriquecê-los, sujeitando-nos

51

pacientemente ao tronco, aos bolos, aos açoites e a todas as ignomínias; ou por fim havemos de nos rebelar contra tão odioso jugo, e obrigá-los à viva força a respeitar nossas pessoas e nossos direitos. Destes três alvitres o primeiro iria satisfazer plenamente os desejos de nossos opressores; o segundo é impossível; nenhum de nós, eu o afianço, nenhum haverá, que o não repila imediatamente, e que não repute uma afronta só o propô-lo. Não nos resta pois senão o terceiro.

Maurício, sombrio e triste, escutava silenciosamente aqueles desabafos de cólera e indignação, que rompiam dos lábios de seus amigos como lavas ardentes arrojadas de uma cratera em terrível explosão. Bem via que estava cheia a medida da longanimidade e paciência de seus conterrâneos, e que não lhe seria mais possível opor um dique aos ódios, que ameaçavam irromper com furiosa exaltação. Sua situação era a mais crítica e difícil que se pode imaginar. Homem de grande importância e altamente considerado entre seus patrícios não podia conservar-se neutro em qualquer conflito, que rebentasse entre eles e os emboabas; muito menos lhe era permitido abraçar o partido destes sem cobrir-se de opróbrio incorrendo na mais infame deslealdade para com seus patrícios. Por outro lado estavam a gratidão e lealdade, que devia a Diogo Mendes, e o amor extremoso, profundo, imenso, que consagrava à sua filha. Acabrunhado pela situação difícil e inextricável, em que seu destino o colocara, Maurício embaraçado não sabia o que deveria dizer a seus companheiros, nem como acolher suas frases repassadas de ódio e espírito de vingança. Bem quereria guardar silêncio; mas esse silêncio seria mais significativo que tudo, e era forçoso que se explicasse francamente afim de não inspirar desconfianças.

— Meus amigos, — disse ele por fim, — eu também participo de vossa indignação e ressentimento contra nossos opressores: o jugo de feito está se tornando insuportável, e não serei eu que tentará amortecer vossos brios de paulistas aconselhando a humilhação e a ignomínia; não; mas espero, que não porão em dúvida minha lealdade e dedicação, se eu lhes disser, que ainda não perdi de todo a esperança de terminar pacificamente estas desavenças e opor sem luta um paradeiro aos vexames, de que somos vítimas.

— Mas como?... como?... como?... esta pergunta rompeu simultaneamente dos lábios dos companheiros.

— Como?... eu já lhes digo. Amanhã irei jogar a última cartada; procurarei o capitão-mor e lhe pedirei audiência particular; tentarei abrir-lhe os olhos falando-lhe com toda a franqueza, expondo-lhe sem rebuço o que sinto. Pedir-lhe-ei, que sejam postas em liberdade Helena e Judaíba, e que ponha cobro às insolências e desaforos de seus patrícios; que nos querem roubar a um tempo a fazenda, o sossego e a honra. Se me ouvir com atenção e benevolência, ainda o mal não é sem remédio; se porém fizer pouco caso de minhas advertências e requisições, fica-nos a liberdade de lançar mão de recursos extremos para nos desforçarmos e defender nossos direitos ofendidos e espezinhados. Portanto, lhes aconselho ainda um pouco de resignação e paciência. É só por um dia, meus amigos; espero que por tão pouco tempo não lhes será difícil conter sua justa impaciência.

Bueno e Calixto abanaram a cabeça.

— Vá lá, patrão, — exclamou mestre Bueno; é mais um dia perdido, mas... paciência!... tão certo como eu ser filho de minha mãe, Vm. vai perder seu tempo; no entanto, para não perder de todo o meu, vou malhar os meus ferros e dar têmpera às nossas armas, por que estou certo, que só quando elas falarem, o capitão-mor nos dará razão.

— Qual capitão-mor, padrinho! — retorquiu Calixto; — não há de ser ele, que nos há de dar razão. Depois que lhe cortarmos a cabeça e a toda sua gentalha...

Neste ponto Calixto foi interrompido por um singular rumor, que vinha do lado de fora da varanda. Era o tropel de uma pessoa, que se avizinhava arquejante e a passos acele-

53

rados. Ainda durava o sobressalto, que naquela ocasião naturalmente produzira tão inesperado rumor, quando a pessoa, que se avizinhava, penetrou rapidamente na varanda. Todos sobressaltados levaram a mão às armas.

— Ah! és tu, minha Judaíba?! — exclamou Antônio, que primeiro que todos reconheceu a sua amante, e precipitando-se ao encontro dela sustinha nos braços a índia quase a desfalecer de fadiga. — O que te aconteceu?... fala Judaíba...; o que vieste fazer aqui?...

A índia não respondia; arquejante e opressa de cansaço deixou-se escorregar dos braços de Antônio e sentou-se no chão. Os circunstantes se acercaram dela cheios da mais ansiosa curiosidade e inquietação dirigindo-lhe perguntas sobre perguntas; mas a pobrezinha esteve por muito tempo a arquejar sem nada poder responder. Enfim, depois de repousar alguns momentos, instada por Antônio, contou-lhe em poucas palavras e com voz entrecortada e balbuciante em dialeto carijó, o que vamos narrar ao leitor mais por miúdo no seguinte capítulo.

Capítulo VII

Turpe senilis amor

O capitão-mor, apesar dos seus cinqüenta e tantos anos, era ainda homem vigoroso e bem disposto; o coração palpitava-lhe ainda quente e alvoroçado ao aspecto da mulher formosa, e era com bastante pesar seu, que se resignava à insipidez e isolamento da vida celibatária. De a muito pensava em contrair segundas núpcias, e se até então não o fizera, decerto não era, que lhe tivessem faltado noivas. Rico e ilustre de nascimento, tendo enviuvado ainda moço, não lhe faltariam vantajosas alianças; mas à força de querer muito escolher foi deixando correr o tempo e procrastinando a satisfação desta necessidade de seu coração até a idade, em que o achamos, isto é, já um pouco tarde. No isolamento em que se achava colocado em um país novo, bronco e sem sociedade, ainda mais triste se lhe tornava a solidão do lar doméstico, ao passo que lhe era impossível achar naquelas regiões um consórcio na altura de seu nome.

Nestas conjunturas, uma singular fantasia apoderou-se de seu espírito. Judaíba, como já vimos, era um dos tipos mais belos e regulares de sua raça; catequizada, doutrinada e enfeitada por Leonor, que cada vez mais se esmerava na educação da filha de Irabussu, ia-se transformando em gentil e engraçada rapariga. À força de vê-la todos os dias em companhia de sua filha, o capitão-mor foi pouco a pouco se deixando cativar dos encantos de sua linda e voluptuosa figura, e ficou verdadeiramente enamorado de Judaíba.

Uma vez rendido o coração todas as mais conveniências, todas as considerações de qualquer ordem que sejam, cedem-lhe o passo e transigem facilmente com as exigências desse caprichoso tirano chamado amor. Diogo Mendes, que enfatuado de sua fidalguia fora até ali o mais difícil e escrupuloso na escolha de uma esposa para si ou para qualquer pessoa de sua família, sem grande relutância concebeu e afagou em seu espírito a idéia de desposar uma pobre selvagem, apanhada a laço no mato. Cumpre todavia notar que para pô-lo de acordo com os seus preconceitos nobiliários, com a sua consciência de fidalgo, havia uma circunstância mui favorável e justificativa. Segundo muitas vezes tinha ouvido dizer a Antônio, Judaíba também era fidalga, senão de escudo e braça d'armas, ao menos de kanitar e tangapema. Irabussu, seu pai era um ilustre pajé, o que era entre os indígenas um título da mais alta distinção, e se quisessem bem esmerilhar-lhe a linhagem, talvez descobrissem, que descendia dos troncos dos famosos Anhangueras e Tibiriçás. Diogo Mendes, além disso, tinha a seu favor o exemplo de seu conterrâneo, o Caramuru, um ilustre cavalheiro, que não teve escrúpulos de desposar a gentil Paraguassu.

Entretanto, o velho fidalgo, posto que estivesse inabalável no seu propósito, não ousava comunicá-lo nem a Fernando nem a seus filhos, receando que tentassem demovê-lo de sua idéia. Pretendia não lhes dar parte de cousa alguma, senão depois que tudo estivesse concertado e preparado, e surpreendê-los com o fato consumado.

Estava em sua mente resolvido o problema de seu memento; só faltava comunicar à noiva esta sua resolução e este passo no seu espírito estava em último lugar, porque não lhe passava pela cabeça, que a índia recusasse a sua mão, e mesmo quando mostrasse alguma repugnância, forçoso lhe seria obedecer à sua autoridade.

No dia, portanto, em que Judaíba esbaforida se apresentara em casa de mestre Bueno, ao cair da noite, o capitão-mor, aproveitando uma ocasião oportuna, havia falado a sós com a índia, e com termos insinuantes e maneiras afagadoras

56

a fizera ciente de seu projeto. Custou muito a Judaíba entender a verdadeira intenção do capitão-mor, e só depois que este, pondo sua destra sobre a dela, fez-lhe sentir bem ao vivo que queria casar-se com ela procurando abraçá-la, foi que ela compreendeu tudo, e fitando nele os olhos espantados disse-lhe abanando vivamente a cabeça:

— Nò! nò! nò! Judaíba é de Antônio, — e voltando-lhe as costas fugiu precipitadamente e foi refugiar-se trêmula e assustada junto de Leonor, como a tenra veadinha, que ouvindo rugir a pantera corre a abrigar-se junto de sua mãe. Embalde Leonor vendo-a assim ofegante e sobressaltada, interrogou-a com a maior instância, a desconfiada e arisca caboclinha nada lhe quis responder; foi-se afastando sorrateiramente do lado de sua ama, e daí a meia hora, quando a procuravam por toda a casa, tinha desaparecido.

Judaíba, aterrada com a proposta do capitão-mor, como se tivesse sido ameaçada de açoites, tinha fugido. A fuga lhe foi fácil; por sua docilidade e bom comportamento gozava havia muito tempo da mais ampla liberdade em casa de Diogo Mendes, e também nenhum interesse tinha em fugir daquela casa, onde era tratada com toda a bondade e carinho, e onde via todos os dias o seu querido Antônio.

Judaíba em primeiro lugar dirigiu-se à casa de Gil, mas encontrando-a deserta e trancada, correu à de Maurício; o mesmo dissabor ali a esperava. Refletiu um momento e lembrou-se de mestre Bueno, cuja casa, uma das raríssimas, que lhe eram conhecidas na povoação, sabia que costumava ser freqüentada por Antônio, Gil e Maurício, únicas pessoas, a cuja sombra poderia encontrar algum amparo. Para lá correu, e lá a vimos chegar arquejante e extenuada de susto e de cansaço.

Antônio, sabendo da boca de sua amante as intenções do capitão-mor, ficou transido de espanto e de indignação e quase não podia dar crédito ao que ouvia.

— Deveras, Judaíba?! — exclamava ele; — o capitão-mor, o senhor Diogo Mendes te disse isso?... como pode ser

57

isso?... ouviste bem o que ele disse?... ah! — continuou voltando-se para os companheiros, — estão ouvindo, meus patrões!... chegou também a vez de Antônio. O patrão velho quer também roubar-me Judaíba para casar-se com ela! ah perros! cães malditos!... agora é com Antônio, que vos haveis de haver!... De hoje em diante, meu amo senhor Maurício, minha raiva não faz mais escolha de ninguém; minha primeira flecha é para o coração do maldito velho.

— E o meu primeiro tiro é para a cabeça de Afonso, — disse Calixto.

— E o seu, patrão, e o seu? — perguntou vivamente Antônio.

— Todos os meus tiros não serão empregados senão contra nossos inimigos, mas...

Nova tropelada de gente, que se aproximava, veio ainda uma vez interrompê-los; desta vez porém o rumor era mais intenso e ruidoso, e entremeado de vozes de homens que falavam entre si. Era uma escolta de esbirros, que o capitão-mor, tendo dado pela falta de Judaíba, tinha expedido em procura dela. Depois de a terem procurado em vão por todo o povoado, enfim por indicação de alguém, que a tinha observado, vieram ter à casa de mestre Bueno. Quatro malsins completamente armados penetraram bruscamente na varanda do ferreiro, enquanto outros quatro cercavam a casa por todos os lados.

— É aqui, camaradas! — bradou um deles, — é aqui que a lebre se amoitou.

— Cá está ela, se me não engano, — gritou outro lançando mão de Judaíba, que tinha lobrigado nas trevas; — é ela, não pode ser outra; toca a amarrá-la.

— Alto lá! — bradou Antônio avançando de um pulo e com um empurrão atirando para longe o esbirro que segurava Judaíba.

— Quem é este atrevido!? — rosnou o alguazil arrancando a chavasca e atirando-se para Antônio.

— Sou eu, que não consentirei nunca, que vossemecês ponham as mãos nesta mulher, nem que me façam em postas, ouviu?...

— Oh! isso é o que vamos ver! como está valentão!

— Se sou valente ou não, cheguem-se e verão, — replicou Antônio puxando a faca e colocando-se como um baluarte diante de Judaíba.

— Que vais fazer, Antônio! — disse Maurício em meia voz achegando-se do índio. — Por essa maneira te pões a perder a ti e a nós todos. Deixa-os levar Judaíba; eu te asseguro, que ela nunca será do capitão-mor.

— Oh! bem os estou conhecendo a vossemecês todos, senhor Maurício, senhor Gil! —disse um esbirro. — Foram vossemecês por certo, que desencaminharam esta cabocla, e a induziram a fugir; o senhor capitão-mor há de ser sabedor de tudo.

— Pouco me importa, senhores malsins, — respondeu Gil com indignação, — que o capitão-mor seja ou não sabedor do que está se passando; esta índia me pertence, e eu estaria em meu direito, se a tirasse da casa do capitão-mor, que m'a roubou. Não tenho que lhes dar satisfações, mas sempre lhes direi, que ela aqui apareceu não há muito tempo sozinha e de seu moto próprio, e sem conhecimento nosso.

— Seja lá como for, — replicou o esbirro, — quer vossemecês queiram, quer não, donde saiu, para lá tem de voltar neste momento. Anda, rapariga!... toca para a casa.

— Devagar com isso, senhores esbirros! — tornou Gil com ligeiro e sarcástico sorriso, — olhem que essa menina não se toca assim como uma rês do campo; mais comedimento!... não sabem que ela é a mimosa de D. Leonor, e está para ser a esposa do...

— Nunca! nunca o será! — atalhou com um brado furioso Antônio, a quem o sarcasmo de Gil, que os esbirros não compreenderam, havia amargado cruelmente. — Nunca o será; eu o juro por este punhal, e por Deus, que nos escuta.

Depois de alguns instantes de silêncio acalmando-se e voltando-se para a índia:

— Vamos, minha Judaíba, — disse-lhe em voz baixa; volta para a casa de nossos patrões; ainda não é tempo de sair de lá. Antônio te vai acompanhar, para que estes malditos não judiem contigo. Vamos; mas Antônio te jura, ou ele tem de morrer, ou em poucos dias ficaremos livres, livres para sempre deles... Vamos, camaradas, — continuou em voz alta dirigindo-se aos esbirros, — eu quero acompanhar esta menina, e ai daquele, que tentar maltratá-la.

— E eu também irei.

— E mais eu, — disseram sucessivamente Maurício e Gil, e os três amigos, seguindo a escolta, desceram o Morro do Lenheiro, e acompanharam Judaíba até a porta da casa do capitão-mor.

Capítulo VIII

Indícios e suspeitas

Diogo Mendes e Fernando ficaram impressionados e pensativos com as informações, que lhes trouxeram os apreensores de Judaíba a respeito do lugar onde a acharam e das pessoas, com quem a encontraram. Fernando, ou por que de fato receasse algum plano de sublevação, ou porque não quisesse deixar passar ensejo algum de chamar o ódio e a desconfiança sobre Maurício, Gil e todos os paulistas, procurava fazer compreender ao capitão-mor todo o alcance de um fato, que simples na aparência, todavia bem considerado dava lugar a graves suspeitas a respeito dos indivíduos que ali se achavam reunidos.

— Este fato, senhor, — dizia Fernando em tom convicto e veemente, — é para mim sintoma evidente de que esse seu tão estimado Maurício não é estranho ao ódio e rancor, que nos votam seus patrícios. Trama-se alguma cousa, acredite-me; Maurício e seu amigo Gil são homens perigosos entre essa chusma de paulistas aventureiros e de bugres turbulentos e indomáveis; são bandidos, que por maneira alguma se querem submeter ao jugo das leis, homens sem família, sem lar e sem pátria, capazes de por tudo a ferro e fogo para sacudirem o jugo da autoridade, e se enriquecerem sem trabalho à custa de roubos e depredações. Senão diga-me, senhor capitão-mor, com que fito poderiam estar reunidos a tais desoras esses homens em casa do velho ferreiro, que de certos dias a esta parte deve nos trazer atravessados na garganta, bem como o seu companheiro, que não pode levar-nos a bem o conservarmos em nosso poder a sua amasia?...

— São amigos, Fernando, — respondeu tranqüilamente o capitão-mor, cuja natural bonhomia e seguridade era difícil de se abalar. — São amigos, estariam conversando e fazendo o seu serão em muito boa paz; não vejo nisso nada de extraordinário.

— Mas como a índia foi direito lá ter?... adivinhou acaso, que eles lá se achavam?... esta fuga da índia não lhe parece a vossa mercê um fato conluiado talvez entre ela e Antônio?

— Oh! por esse lado não tenha receio algum, meu caro sobrinho, — replicou suspirando o capitão-mor, que bem sabia o verdadeiro motivo do desaparecimento de Judaíba. — Com que fim viria o Antônio roubar-me a índia, se ele tinha entrada franca nesta casa?...

— Com que fim?... esperam talvez colher dela informações que sejam úteis a seus planos, ou talvez pô-la a salvo para melhor poderem nos atacar. A própria Helena, se não tivéssemos o cuidado de encerrá-la todas as noites, talvez também já se tivesse evadido.

— Já te disse, Fernando; não te dê cuidado a fuga da índia; eu sei a que ela é devida.

— A que é pois?...

— Depois o saberás;... um motivo insignificante... ralhei com ela pela primeira vez... sabes como é tímida... fugiu de medo.

—Ah! mas as palavras insolentes do Gil e o atrevimento do bugre, que não queria entregá-la?...

— O Gil é conhecido como um estouvado, um fanfarrão, que não sabe o que diz; o bugre sempre é um bugre.

— E vossa mercê sempre será um cego, porque não quer ver.

— E vossa mercê à força de querer ser lince vê demais, vê até o que não existe. Não pode ver dois ou três paulistas juntos, que não enxergue por detrás deles o fantasma da conspiração, que tanto o aterra.

— Pois bem, já que assim o quer, esperemos que os acontecimentos lhe venham abrir os olhos talvez já quando o mal não tenha remédio, quando o ferro e o fogo rodearem esta habitação, quando...

— Ora deixa-te de tolas apreensões, — interrompeu o capitão-mor com uma grossa risada; — na fuga de uma pobre índia enxergaste um trama, o que mais não verás?... Quanto a mim, enquanto Maurício estiver a meu lado, nada receio da parte dos paulistas; eles o estimam e respeitam muito, e Maurício, estou certo, nunca será contra mim.

— Meu Deus! que estulta e invencível cegueira a deste velho! — murmurou Fernando consigo. — Senhor, — continuou em voz alta, é deplorável o engano, em que se acha. Esse Maurício, em que tanta confiança deposita, será talvez o primeiro a atraiçoá-lo.

— Maurício! impossível! um mísero órfão, a quem estendi a mão para tirá-lo do nada, e que me deve tudo quanto é, Maurício, que eu criei em minha casa como um filho!... não creias tal, Fernando!... Maurício tem muita lealdade e nobreza d'alma e não será capaz de tão infame aleivosia.

— Espere os fatos, já que assim o quer; a víbora, que vossa mercê acolheu no seio, não tardará a fazer sentir o veneno de seu dente.

— E quem te assegura isso? como sabes? — perguntou o capitão-mor um pouco abalado pela insistência e tom de convicção, com que falava Fernando.

— De nada sei positivamente; mas há certos sintomas, que não podem enganar. Vossa mercê há de ter notado a submissão toda aparente, com que estes paulistas se curvam há dias a esta parte a todos os bem merecidos rigores, a que os temos sujeitado, eles de ordinário tão turbulentos e altanados. Desde a prisão de Calixto e Helena nada se rosna, não há o menor sussurro, a menor manifestação de descontentamento da parte desse bando de aventureiros até aqui tão intratáveis e arrogantes!... Gil não fala mais em reclamar Judaíba, que diz ser sua; e que segundo afirma vossa mercê, fugiu tomada de um medo pueril. Bueno e Calixto também não se queixaram e nem se lembram de nos pedir a liberdade da filha e amante, que está em nosso poder, e andam por aí taciturnos e amuados, sabe Deus com que intenções. Quem nos diz, que esses homens ferozes, que nada têm a perder e de tudo são capazes, não andam por aí em conciliábulos noturnos e clandestinos tramando a nossa perdição!?... Não duvido que a fuga da índia nada signifique, mas a reunião desses homens a tais desoras em casa de Bueno... isto significa muito, e eu como que ouço através desse silêncio um murmúrio subterrâneo e sinistro, precursor de furiosa erupção.

— Bem vejo, que não deixas de ter bastante razão para assim pensar; — refletiu o capitão-mor algum tanto abalado em sua seguridade pelas observações de seu secretário.

— Eu mesmo não tenho deixado de estranhar essa calmaria dos ânimos, que me parece fitícia, e não deixa de ter o que quer que seja de sombria e sinistra. Mas o de que não posso capacitar-me, é que Maurício esteja envolvido...

— Por que não?... o que estaria ele então fazendo hoje em casa do ferreiro?...

O capitão-mor ficou pensativo e nada respondeu.

— Esse homem, — continuou Fernando, — é talvez o mais perigoso e terrível de nossos inimigos; tenho motivos poderosos para assim pensar, não só por ser ele o mais hábil e audaz, como por outras circunstâncias, que mais tarde vossa mercê saberá.

— Mas não podemos julgá-lo assim por tão fracas aparências; devemos procurar provas mais positivas.

— Quer vossa mercê que a árvore da traição dê todos os frutos para depois cortá-la?...

— Não, não; cortemô-la, antes que medre. Fernando, é-nos mister toda a circunspecção e vigilância; se descobrimos o menor rastilho de sublevação...

— Bem sei o que nos cumpre fazer, — atalhou o arrogante secretário, cuja sobranceria subira de ponto desde que viu o capitão-mor um pouco abalado de sua natural calma e seguridade. Darei providências, que lhes farão arder nas mãos o facho que preparam contra nós.

Fernando saiu deixando o capitão-mor entregue a mil sinistras apreensões. Posto que a noite já fosse muito adiantada, não pôde conciliar o somo. Os terrores que Fernando lhe lançara no espírito não eram sua única preocupação; o mau resultado de sua pretensão sobre Judaíba também muito o magoava.

— Todavia o caso não é ainda para desanimar — disse lá consigo depois de muito cismar, — a menina é uma selvagem espantadiça e ainda muito criança; que muito é que se arrepiasse à primeira idéia de um casamento!... pouco a pouco se há de ir domesticando e acabará por familiarizar-se com a idéia... O Antônio é o mais sério embaraço, o Antônio, que ela parece querer bem... que belo rival tenho eu!... mas esse, louvado Deus, está removido por si mesmo. Ele também era da troça da casa de mestre Bueno, vou exterminá-lo para São Paulo.

Enquanto Diogo Mendes adormecia entre estes pensamentos, Fernando também em seu leito embalava-se entre sonhos de vingança e perseguição contra Maurício e todos os paulistas.Tanto tinha o primeiro de simples e confiante, como o segundo de fino, astuto e desconfiado.

65

Capítulo IX

Rompimento

No outro dia Maurício, apesar das ocorrências que sobrevieram, não faltou ao que havia prometido a seus amigos, e bem cedo apresentou-se em casa do capitão-mor. Ia resolvido, como se sabe, a expor-lhe sem o menor rebuço toda a verdade, pintar-lhe ao vivo todos os sofrimentos e o profundo descontentamento de seus patrícios, e mesmo dos indígenas, que trabalhavam nas lavras dos portugueses; dizer-lhe, que aqueles não podiam descobrir uma data um pouco abundante de ouro, que os portugueses não a cobiçassem e não procurassem arrancar-lhes, já alegando falsos direitos, que sempre eram atendidos, já provocando conflitos, que sempre traziam em resultado a perseguição e prisão dos paulistas; que os bugres, esses, coitados! não podiam guardar para si nem um grão do imenso ouro, que tiravam, e gemiam debaixo do mais atroz e vigilante cativeiro. Representar-lhe-ia vivamente o perigo, a que se expunha oprimindo uma população inteira sem outra proteção, nem meios de defesa senão os que são inspirados pelo desespero. Queixar-se-ia do novo sistema de opressão mais doloroso e vexatório ainda, que se ia introduzindo, qual era o bárbaro costume de arrancar as filhas a seus pais e a seus protetores natos para as terem em custódia em casa sem se saber por que, nem para que. Dir-lhe-ia, que os paulistas eram dóceis, e que com muito prazer tinham aceitado o governo do capitão-mor esperando que os viesse proteger contra as violências e esbulhos, de que de longa data eram vítimas da parte dos portugueses; mas que o contrário ia acontecendo, e cada vez mais pesado e insuportável ia se tornando o jugo, que os oprimia. Enfim pretendia fazer-lhe ver, que tudo isto provinha da funesta e maléfica influência, que sobre o espírito dele capitão-mor exercia um homem embusteiro e perverso, que para desgraça daquela terra tinha vindo em sua companhia; que esse homem, que caprichava em torná-lo odioso a toda a população, era Fernando, seu secretário. Por fim, pediria em nome de todos os paulistas providências, que pusessem termo àquele deplorável e assustador estado de cousas, e declararia que, se as não obtivesse, ver-se-ia obrigado a retirar-se, porque não desejava envolver-se nem responsabilizar-se por futuras calamidades.

A mais tempo Maurício deveria ter tomado essa nobre e enérgica resolução; agora já vinha um pouco tarde. Sabemos em que disposições vinha encontrar o espírito do capitãomor profundamente impressionado pelas falas de Fernando.

Todavia solicitou e obteve ainda a honra de uma conversação com o seu velho protetor, mas foi recebido com tão desusada frieza e altivez, que cortou-lhe todo o azo de desenrolar a longa série de queixas e acusações, que trazia na mente.

— Então, que pretende de nós, senhor Maurício, — perguntou secamente o capitão-mor. Este modo cerimonioso já começou a desconcertar a Maurício, não que este temesse o capitão-mor, mas estava acostumado a ser tratado por ele como um filho, com toda a lhaneza e afabilidade.

— Venho, — respondeu Maurício algum tanto embaraçado, — primeiramente cumprimentar à vossa mercê, e depois... também... representar-lhe contra os abusos, agravos e violências, de que meus patrícios têm sido vítimas...

— Ah! já sei, já sei, — interrompeu bruscamente o capitão-mor; — é escusado ir por diante. Seus patrícios já tomaram o pulso à minha nímia bondade, ou antes à minha fraqueza, desde que deixei impune a afronta revoltante, que fizeram a meu filho. Não vejo de que se possam queixar senão de seu próprio gênio turbulento e rebél a todo jugo e disciplina legal. Querem viver à lei da natureza como dantes; isso não pode ser, por que não somos selvagens e nem viemos aqui para tolerar a continuação de semelhante estado. Quer queiram, quer não, hão de submeter-se ao rigor de nossas leis.

— Engana-se vossa mercê, — replicou Maurício com dignidade, — estamos prontos a nos submeter ao império das leis; mas para nós outros paulistas não há lei, há só capricho e arbítrio para nos oprimir e vexar ao último ponto...

— Ah!... e é por isso que vossemecês se reúnem fora de horas a conchavar tramas e projetos de revolta!... O que fazia vossemecê senhor Maurício, ontem, a horas mortas, em casa de mestre Bueno com o Gil e outros amigalhões?...

— Pois será também um crime achar-se um homem em casa de seu amigo?

— Sem dúvida!... a tais horas e em tal companhia, se ainda não é um crime, pelo menos faz desconfiar. A noite foi feita para o descanso, e quem a tais horas se acha em uma reunião dessas, a não ser em algum folguedo, dá muito que entender de si.

— Pode ser, senhor capitão-mor, mas eu protesto...

— Não tem que protestar... proíbo-lhe de hoje em diante toda e qualquer convivência com os seus patrícios, se quiser vir ainda aqui e gozar de minhas boas graças. Também ordeno-lhe, que me entregue o índio Antônio, que está ficando perdido no meio desse bando de aventureiros, com quem vossemecê anda.

Vê-se que o capitão-mor, apesar de nesta ocasião procurar formalizar-se, tratava a Maurício como um fâmulo, ou como criança criada em sua casa.

— Quanto a Antônio, — respondeu Maurício, — dar-lhe-hei a ordem de vossa mercê. Quanto porém ao que exige de mim, com pesar lhe digo, senhor capitão-mor, me é impossível obedecer-lhe. Não posso, não quero e nem devo renegar meus patrícios. Vivo no meio deles, me procuraram, me estimam, me rodeiam...

— Queres então ficar no meio de meus inimigos, e por conseguinte ser um deles?...

— De modo nenhum; eles não são seus inimigos; são perseguidos e queixam-se; são oprimidos e gemem, porque dói-lhes o jugo, que o senhor seu sobrinho faz pesar sobre eles mui de propósito para os atassalhar e levá-los ao extremo afim de melhor poder persegui-los de novo e exterminá-los.

— Demos de barato, que assim seja; mas tu, Maurício, tu o que sofres?... não tem sido sempre estimado e considerado por mim? quem te persegue? quem te ameaça?...

— Por certo não é vossa mercê, senhor capitão-mor; porém seus patrícios e principalmente o senhor seu sobrinho me consagram ódio maior do que a nenhum dos meus, e eu não serei decerto poupado mais que os outros no dia da vingança e do extermínio; oh! estou bem certo disso!...

— E por que te envolves no meio deles?...

— Por que entendo que é meu dever; por que entendo que devo protegê-los e ampará-los nas conjunturas, em que se acham; por que entendo que seria uma infâmia abandoná-los.

— Pois então, senhor Maurício, haja-se lá com eles e não conte mais comigo, — replicou asperamente o capitão-mor enfadado com a linguagem altiva e independente de Maurício. — Quem é por eles, é contra mim.

O jovem paulista respeitava ainda e estimava muito o seu velho benfeitor, e sentiu-se profundamente magoado com aquelas ríspidas e duras palavras, quais nunca as havia ouvido de sua boca. Vinham elas lançar sinistras sombras em todo o seu porvir, onde via eclipsarem-se todas as suas esperanças em carregada escuridão.

Maurício, porém, sumamente altivo e nobre, leal a toda prova, era incapaz de comprar sua futura felicidade a troco de uma infâmia. Não se quis humilhar, e com voz comovida, mas sonora e resoluta, disse:

— Senhor capitão-mor, sinto bastante que me retire a sua amizade e confiança; mas nunca me resolverei a conservá-la à custa de uma baixeza, abandonando e atraiçoando meus patrícios no infortúnio. Se não sou contra vossa mercê, também não posso ser contra eles. Nesta horrível conjuntura não sei o que faça; mas espero, que Deus me inspirará o que for de dever e de honra.

E sem esperar resposta cumprimentou e saiu. Ao passar pela varanda encontrou-se com Fernando, que o saudou com um sorriso de maligno e pungente escárnio, como quem lhe dizia — vai-te, que de hoje em diante aqui nada vales.

Maurício retirou-se com o coração oprimido de despeito e de dolorosas e sinistras previsões. Começava a convencer-se de que tudo estava perdido, e que não restava meio algum regular e pacífico de conjurar a sua desgraça e a de todos os seus patrícios. Em casa encontrou Gil e Antônio, que o esperavam em ansiosa curiosidade.

— Não há remédio, — disse-lhes ao entrar; — é-me impossível de ora em diante deter a lava, que ameaça devorar-nos; deixo-os livres e entregues às inspirações de seu justo ódio; não há de ser mais Maurício que os estorvará na carreira da vingança; façam o que entenderem.

— Por essa já esperava eu! — exclamou Gil; — mas tu, Maurício, o que pretendes tu fazer?...

— Não sei, não sei, meu amigo, — murmurou o moço com voz angustiada lançando-se sobre um assento e escondendo a cabeça entre as mãos. Tenho a cabeça em brasa, e parece que se me rebenta o coração.

— Entretanto é preciso tomar uma resolução...

— Mas... que devo eu fazer, Gil?... neste momento tenho o coração tão angustiado e a cabeça tão perturbada, que não sei deliberar...

— Pois bem, já que não te decides, vou declarar-te o que temos resolvido. Hoje, depois das dez horas da noite, na caverna de Irabussu, que bem conheces, estaremos reunidos eu, Bueno, Calixto e outros amigos a fim de concordarmos nos meios que devemos empregar para sacudir o odioso jugo que nos vexa. Comparecerás aí, Maurício?...

— Lá estarei, — respondeu resolutamente Maurício levantando-se depois de alguns instantes de silêncio. — Em todo o caso é esse o meu dever e o meu posto de honra.

— Muito bem! — disse Gil abraçando-o; — muito bem, meu amigo!... nem era de esperar de ti outro procedimento.

— E Antônio também lá se achará a seu lado, patrão, — exclamou o índio.

— Sem dúvida, Antônio; nunca me abandonaste no perigo... Mas agora me lembro que o capitão-mor exige de mim que eu te entregue a ele, e bem sabes que não me pertences...

— Deveras!... e o patrão quer que eu seja entregue?...

— Eu não Antônio; bem sabes, que nunca te considerei escravo, como nenhuma criatura humana o pode ser. És livre, como eu e como ele; faze o que quiseres.

— Nesse caso Antônio breve lá irá, não para entregar-se, mas com o joelho cravado sobre o peito e o punhal alçado sobre o coração desse velho estonteado lhe irá bradar aos ouvidos: Entrega-me a minha Judaíba!

Capítulo X

Conciliábulo na gruta

O leitor já conhece a curiosa gruta de estalactites, que demora como a légua a meia de São João del-Rei, gruta, onde Irabussu sumiu-se para sempre como por encanto com o segredo de sua mina de fabulosa riqueza, e onde para sempre ficaram sepultados cinco dos portugueses que o acompanharam. Mausoléu soberbo, magníficas catacumbas tiveram por jazigo as ossadas obscuras desses miserandos instrumentos da cobiça de seus dominadores. É para lá que vamos de novo transportar o leitor.

Estamos em meio da noite, que sucedeu ao dia, em que Maurício teve a para ele tão desagradável conferência com o capitão-mor. No meio da sala, que se acha à entrada da maravilhosa caverna, está aceso um grande fogo; em torno dele sentados sobre pilares de estalagmitas, que brotam do chão como bases de colunas derruídas, ou sobre blocos de estalactites despencados da abábada acham-se alguns vultos embuçados em largas capas e com chapéus desabados sobre os olhos. Por sua atitude grave e sombria, pelo modo misterioso, com que falavam entre si, bem se depreende que ali os reúne negócio melindroso e de alta importância, e que interesse poderoso lhes preocupava profundamente o espírito. O clarão da fogueira lança reflexos avermelhados sobre rostos os mais divergentes entre si pelo tipo, pela cor e pela idade. A par do busto seco, rugoso e chamuscado de mestre Bueno fulgura o semblante altivo, fresco e animado do jovem Calixto, cujos olhos negros e espertos trocam cintilações com os prismas de estalactites, que lampejam pelas paredes da gruta. Junto do bugre disforme e trombudo, de fronte achatada, de olhar torvo e sinistro divisa-se a fisionomia franca, resoluta e expansiva de Gil, cujo rosto alvo e regular se destaca vivamente no meio da espessa e negra barba. Antônio está entre um paulista de idade madura, de ar nobre e grave, e um negro mina de estatura colossal, cujos traços enérgicos e regulares abonam a inteligência, ânimo e altivez próprio dessa raça de africanos. Um pouco afastado e retraído para o fundo da gruta acha-se um cavalheiro em pé apoiando o cotovelo sobre uma estalagmita, que ali se ergue à guisa de mesa; tem o ar triste e acabrunhado, e escuta silencioso e pensativo. Distingue-se dos outros pelo porte esbelto e pela elegância do seu trajo e de sua pessoa; o clarão da fogueira ilumina-lhe frouxamente a tez pálida e ondeia reflexos bronzeados pelos anéis dos cabelos compridos e negros, que se lhe espalham por baixo do chapéu em volta de um pescoço digno do Apolo de Belvedere. Este cavalheiro é Maurício.

Estes são os chefes ou personagens principais daquela reunião. Por detrás deles murmuram e remoinham como fantasmas pela penumbra da caverna muitos outros vultos falando entre si com voz abafada e misteriosa, e suas falas se difundem em sons confusos pelo vão das profundas anfractuosidades como o surdo burburinho de uma catadupa subterrânea. As cintilações multicores das estalactites ao claro ondeante da fogueira, aquelas figuras sinistras e tão divergentes, umas sombrias e imóveis iluminadas de frente pelo fogo do centro, outras, em lento giro desenhando-se indecisamente entre sombras, sumindo-se e reaparecendo pelos vãos dos profundos e tenebrosos recantos, davam à gruta um aspecto fantástico indescritível. Dir-se-ia o palácio subterrâneo de algum nigromante de Ariosto, povoado de sombras e duendes, ou um concílio dos espíritos das trevas convocados pelo condão de alguma fada em lôbregos e selváticos esconderijos.

O espírito de insurreição de há muito que fermentava, e como que se organizava por si mesmo no seio daquela população oprimida. Em todos os corações levedava um ódio antigo e rancoroso contra os emboabas.

O paulista, o indígena e o escravo negro a custo abafavam a sanha, que por isso mesmo se tornava mais violenta, esperando impacientes o dia da vingança. Os elementos estavam preparados para a mais horrível explosão, aguardando somente a mão audaz que lhes chegasse fogo.

Gil entendeu que era chegada a ocasião. Ele, como o leitor talvez ainda se lembra, no dia em que visitou aquela gruta juntamente com Maurício e Antônio, tinha tido como um pressentimento, de que ela viria a servir um dia para couto e ponto de reunião das vítimas dos emboabas. Foi ele, pois que lembrou e levou a efeito aquela reunião no misterioso e ignorado esconderijo da gruta de Irabussu, logo que convenceu-se que seu amigo Maurício não tinha outro remédio senão lançar-se nos braços da insurreição. Gil tinha em mestre Bueno um valente e ativo auxiliar, não só como hábil ferreiro e insigne armeiro, como porque ele conhecia e entretinha relações com todo o poviléu, paulistas, bugres e negros. Foi mestre Bueno quem passou a senha e a voz de alarma a todos os insurgentes e lhes ensinou e guiou ao lugar, que lhes devia servir de ponto de reunião. Já de antemão tinha ele feito transportar para a caverna a favor das trevas da noite grande número de zagaias, catanas, pistolas e escopetas velhas, que de tempos a essa parte o previdente velho ia concertando e ocultando em sua oficina.

Grande número de negros fugidos, que rondavam pelos arredores da povoação, foram avisados; tinham por chefe Joaquim, o mina hercúleo, de que a pouco falamos. Era ele escravo do Minhoto, bárbaro e desalmado senhor, cuja cobiça explorava o trabalho dos míseros cativos a tal ponto, que os sacrificava sem compaixão em pouco tempo; suas lavras eram um verdadeiro açougue de africanos e indígenas. Joaquim, ativo, hábil e robusto, era um excelente mineiro, e só ele apurava para seu senhor mais ouro do que três ou quatro de seus parceiros: mais nem assim era poupado mais de que os outros. Do seu trabalho dos domingos, que passava a faiscar pelas margens do ribeirão, ia formando um pecúlio com que pretendia libertar-se, como já tinha ajustado com seu senhor, e que ia depositando fielmente em mãos dele em muito boa fé. Quando completou a soma ajustada, o negro requisitou sua carta de liberdade.

— Ainda não Joaquim; — replicou-lhe o senhor com cínico despejo: — tu fazes muito pouco em ti; vales o dobro de ouro, que me tens dado; é preciso, que trabalhes mais um ano.

O negro resignou-se, e sem se queixar trabalhou mais um ano; mas não satisfez ainda a insaciável cobiça de seu senhor. Revoltado com semelhante extorsão, declarou que não queria mais liberdade, e teve a audácia de exigir o ouro, que já tinha entregado. Em vez de ouro recebeu descomposturas e castigos. Mas ainda isto não foi tudo. O Minhoto possuía também uma linda crioula, a quem o negro consagrava a mais viva paixão, e que por seu lado correspondia-lhe com ardor. Era ela, somente ela, quem fazia o pobre escravo suportar com resignação os rigores de tão bárbaro cativeiro. Um outro emboaba agradou-se sumamente da rapariga, e propôs a compra ao Minhoto, ficando tratado o negócio apesar do Minhoto pedir uma soma exorbitante. Sabedor disto, Joaquim, que de mais a mais tinha boas razões para crer que o comprador a queria para sua amasia, no cúmulo da angústia e do desespero, foi prostar-se aos pés de seu senhor, pedindo-lhe com as lágrimas nos olhos, que não vendesse a crioula, que ele daria por ela todo o ouro, que já tinha em suas mãos, e mais todo o ouro que tivesse aos domingos durante toda sua vida; e que se acaso não podia deixar de vendê-la, rogava-lhe por tudo quanto há sagrado que o vendesse também ao mesmo senhor. Foram inúteis as súplicas do pobre amante cativo; o desalmado senhor mostrou-se inexorável. Desde então o negro, até ali tão fiel, humilde e trabalhador, convertendo-se em tigre feroz, concebeu ódio de morte por seu infame senhor e por tudo quanto era emboaba, e enquanto esperava o dia de uma vingança cabal assentou de prejudicar, o mais que podia, a seu senhor, já não trabalhando com a mesma diligência, já subtraindo, quanto podia, do ouro que tirava. Enfim para furtar-se aos castigos, em que incorria, fugiu e tornou-se chefe de quilombolas.

Não menos descontentes e rancorosos andavam os míseros índios que trabalhavam nas lavras dos emboabas, e que ainda eram, se é possível, mais maltratados que o escravo africano. Ainda este, cuja aquisição ficava um pouco mais custosa aos senhores, era algum tanto poupado, e recebia um tal ou qual tratamento. O pobre bugre, porém, agarrado facilmente nas florestas do país, à força ou iludido por qualquer quinquilharia, tratado como um cão, gemia debaixo do mais rude trabalho, e era menos estimado do que um boi, do qual depois de morto ao menos a carne ainda é aproveitável. Ainda de mais a mais os índios eram vigiados e guardados com a mais restrita e rigorosa vigilância em razão do sobressalto, em que viviam os colonos com receio de que se unissem às troças indígenas, que vagueavam pelas imediações, e tentassem algum de seus costumados e atrozes assaltos à povoação.

O bugre, que vimos junto de Gil, era um desses desgraçados, que havia por longo tempo sofrido a escravidão dos brancos. Fora valente chefe de uma tribo caeté, e havia se posto corajosamente à entrada dos emboabas, que com Antônio Dias Adorno penetraram nos sertões de Ouro Preto. Derrotado porém e feito prisioneiro em um reencontro com sua família e grande número de seus foi conduzido a São Paulo, onde esteve alguns anos, e daí foi levado a São João, para onde o seu senhor viera com outros aventureiros explorar minas de ouro. Aí Tabajuna, — assim se chamava ele, — viu morrer sua mulher e quase toda a sua família ao peso do mais cruel e rude cativeiro trabalhando incessantemente ao sol e à chuva. Uma linda filha, única consolação e companhia que lhe restava em seu cativeiro, foi cobiçada por um rico mineiro, e a título de doação foi arrancada à companhia de seu pai para ser entregue ao libidinoso senhor.

Tabajuna era bastante vivo e inteligente; até ali sofrera com alguma resignação o rigor da escravidão, por que via a seu lado sua companheira e seus filhos. Quando porém todos estes lhe faltaram seu espírito entrou em sombrio desespero, sentiu ferver-lhe no peito sanha implacável contra tudo quanto era pele branca, e jurou por sua mulher e por seus filhos mortos no cativeiro, que havia de vingar-se da opressão e ignomínia, em que até ali tinha vivido. Logrou fugir a seu senhor e embrenhando-se pelos sertões procurou empenhar seus irmãos das florestas em uma guerra de morte contra os emboabas. De feito capitaneou alguns bandos de selvagens e fez correrias e devastações horríveis pelos novos estabelecimentos dos brancos no centro das minas. Por uma singular coincidência sucedeu chegar ele às imediações de São João del-Rei, disposto a tomar cruel vingança de seus opressores justamente na ocasião, em que os paulistas e os índios daquela localidade, cansados de opressão e martírio, se dispunham também à revolta. Bueno e Antônio, que o conheciam de São Paulo, já com ele se haviam entendido de antemão. Entre as figuras, que volteavam pela penumbra das profundas espeluncas, contavam-se numerosos companheiros do valente chefe.

Gil foi o primeiro que falou aos companheiros de revolta, não por certo com a solenidade e estudada eloqüência dos clubes e reuniões dos povos civilizados, mas posto que em ar de conversa, exprimia-se com tanto fogo e vivacidade, que suas palavras e imagens pareciam coriscos, que ateavam labaredas de entusiasmo e coragem no ânimo de todos, que o ouviam. Pintou ao vivo os horríveis vexames e sofrimentos, a que os sujeitavam meia dúzia de portugueses, que queriam dominar toda a terra e avassalar o gênero humano em seu exclusivo proveito. Não havia ali um só, que não trouxesse na face, no dorso, nas mãos, nos artelhos, ou mesmo no coração em traços ainda mais dolorosos a marca dos mais bárbaros e aviltantes ultrajes. Os ouvintes o interrompiam com retumbantes aplausos, que iam morrer rugindo pelas soturnas e profundas cavidades do antro, como os gemidos da vítima amordaçada. Traçou depois um bem combinado plano de surpresa e de assalto, e fez ver que uma sublevação tão motivada seria talvez desculpada pelo governo geral da capitania, o qual em vez de puni-los cuidaria talvez em remediar seus males e protegê-los contra a tirania do capitão-mor, como já em outros lugares o tinha feito. Enfim, se por acaso, em conseqüência desse movimento, viessem ainda persegui-los, ao menos estariam vingados, e não faltariam por esse vasto Brasil imensos e profundos sertões, onde poderiam passar o resto da vida, senão felizes e tranqüilos, ao menos livres e independentes.

— Enfim, meus amigos, — terminou ele, — o que nos cumpre agora é esforçar-nos para que não seja malograda esta tentativa; é vibrar certeiro o golpe, para quebrarmos este jugo, que nos é impossível suportar por mais tempo. Embora tenhamos de sucumbir depois ao menos morreremos vingados!

— Sim! morreremos vingados! — bradou uma multidão de vozes, que os ecos refrangendo-se de furna em furna, multiplicaram em milhares pelo côncavo das cavernas. Dir-se-ia que milhões de duendes respondiam das profundidades do abismo ao brado do paulista.

Os outros chefes também falaram com entusiasmo e tomaram parte ativa nas deliberações do conciliábulo, sem excetuar Joaquim e Tabajuna. Somente Maurício, triste e acabrunhado, conservou-se silencioso até o fim. Este procedimento produziu dolorosa impressão no ânimo de seus amigos, e não deixou de causar estranheza no espírito da maior parte dos insurgentes.

Capítulo XI

Fatal irresolução

Maurício tinha ido ao conciliábulo da gruta, como tomado de vertigem, como quem se deixa arrastar por torrente fatal, que o vai despenhar por abismos pavorosos. O tratamento seco e ríspido, que recebera da parte do capitão-mor, não havia posto fim senão momentaneamente a suas cruéis perplexidades. Ainda não se resolvera, nunca se resolveria a levar o ferro e fogo à habitação do benfeitor, que lhe amparara a infância desvalida, o asilo do anjo puro, de quem dependia sua felicidade na terra. Também não lhe era permitido declarar-se contra seus caros compatriotas oprimidos, que nele depositavam tanta confiança, que tantas provas de extrema dedicação até ali lhe tinham dado. Abandoná-los somente naquelas graves conjunturas seria uma cobardia, uma deslealdade, senão uma traição. Fugir para longe do teatro de tão deploráveis dissensões, e abandonar as duas facções ao seu destino, lavando as mãos sobre as conseqüências de qualquer conflito, era o único alvitre, que lhe restava entre os dois terríveis extremos, em que o destino lhe prendia o espírito em angustiosa perplexidade como entre as garras de tenaz ardente. Mas esse alvitre, se é possível, ainda repugnava mais a seu coração, do que qualquer dos outros dois. Só a idéia de abandonar o capitão-mor e Leonor expostos ao furor e canibalismo daqueles homens sedentos de sangue e de vingança lhe gelava o coração, e arrepiava-lhe os cabelos; seu espírito não ousava deter-se na consideração de tão horríveis calamidades.

— Não, não; eu nunca a desampararei, — refletia consigo; — velarei noite e dia a sua porta como o cão fiel; não me reunirei a seus inimigos, nem irei ao encontro deles; meu posto é aqui, e ai daquele que ousar tocá-la, paulista, ou índio, negro ou forasteiro!... mas ah! meu Deus!... terei talvez de brandir o ferro contra os meus mais caros amigos!... Deus! como é possível achar-se um homem em tão horríveis conjunturas!... não posso dar um passo, que não encontre um abismo diante de mim!... Leonor! ó Leonor!... inspira-me, anjo do céu! vem me mostrar o caminho, por onde eu possa sair deste infernal labirinto, em que me vejo fatalmente enredado pela mão do destino!

Assim cismava Maurício debruçado à janela de seu aposento olhando tristemente para a casa do capitão-mor. Era na manhã que seguiu-se à noite da reunião na caverna de Irabussu.

— Em que pensas, Maurício? — veio interrompê-lo uma voz conhecida, enquanto mão amiga lhe pousava sobre o ombro. — É tempo de pôr-se a gente em atividade, e não de ficar aí assim pensativo e a ver moscas voarem.

Maurício, a quem a presença de Gil causava sempre vivo prazer, desta vez sentiu um terrível abalo e estremeceu desde os pés até a cabeça. Sabia que seu amigo vinha exprobrar-lhe suas eternas hesitações, e emprazá-lo ainda uma vez para a reunião na gruta de Irabussu. Pálido e abatido olhou para Gil sem ousar responder-lhe cousa alguma. Dir-se-ia que Gil era um carrasco, que vinha conduzi-lo ao patíbulo.

— Maurício, ou estar conosco ou fugir, — insistiu Gil com voz grave e severa, — não te resta outro recurso.

— Fugir!... isso nunca! — replicou Maurício estremecendo.

— Bem; pois fica sabendo, que esta noite nos reuniremos outra vez no lugar, que bem conheces. Comparecerás ainda? ficarás outra vez mudo e quedo como um estafermo?... olha que o teu silêncio pode inspirar desconfianças.

— Não tenhas receio... comparecerei, e exporei francamente tudo que sinto.

80

Maurício tinha ido àquela reunião noturna, como já dissemos, como que arrastado pelo ascendente fatal, que a voz de Gil e a força das circunstâncias iam tomando sobre o seu espírito. Bruxuleava-lhe também no fundo dalma um pensamento confuso, uma inspiração vaga, que o impelia a tomar parte ativa na revolta. Em pensamento ainda não tomara forma distinta em seu espírito, e não era mais que um pressentimento, um palpite, a que cedia cegamente. Quando, porém, no seio da espelunca sinistra contemplou os torvos e sanhudos semblantes dos conspiradores, e ouviu-lhes a linguagem exaltada e feroz; e a sede de vingança e de sangue, que lhes estuava no peito e reluzia nos olhos em medonhos lampejos, seu coração gelou-se de pavor antolhando as horríveis conseqüências daquela sanguinolenta revolta. Muitas vezes tentou erguer a voz não para acompanhá-los em suas furibundas execrações e brados de vingança, mas para moderar-lhes a sanha e propor planos menos sanguinolentos. Um embaraço inexplicável, porém, um terror insensível o detinha a pesar seu, e Maurício saiu daquele lúgubre subterrâneo ainda mais desanimado, inquieto e abatido que nunca.

Todavia a voz de Gil vibrou-lhe n´alma despertando nela um pensamento vago, que a dominava.

Na noite antecedente, como ela já ia adiantada, e convinha que o dia os não surpreendesse na gruta, os insurgentes tinham emprazado nova reunião para a noite seguinte afim de tomarem uma decisão final e decisiva sobre o dia e modo de levarem a efeito sua terrível empresa.

A noite seguinte viu pois de novo reunidos debaixo daquelas broncas e gigantescas abóbadas esses homens sinistros meditando vingança e carnagem, como um bando de lobos esfaimados esperando com impaciência o dia para se arrojarem pelos campos a saciarem sua fome voraz.

Como devia suceder em uma assembléia composta de elementos tão heterogêneos, logo se manifestou a divergência de opiniões, e após ela a confusão e a discórdia. Queriam uns, — e esses eram mais numerosos, — que desde já dessem assalto à casa do capitão-mor levando tudo sem piedade a ferro e fogo, tomassem conta da povoação, e apoderando-se de todas as riquezas e bens dos emboabas se fortificassem ali reunindo mais gente, que não faltaria, pois que em Caeté, Sabará e Ouro Preto sobejavam descontentes, que só aguardavam ocasião oportuna para se sublevarem. Entendiam que só assim, por um levantamento geral, enérgico e vigoroso poderiam quebrar o jugo ignominioso, a que viviam sujeitos.

Estes planos grandiosos, já se vê, não podiam partir senão de alguns paulistas mais inteligentes, e nimiamente exaltados, que já pensavam talvez na emancipação da terra natal; os bugres e negros boçais os aplaudiam de todo o coração.

Outros mais modestos e moderados, formando porém um grupo insignificante, opinavam, que se devia poupar o sangue o mais que fosse possível, porque as atrocidades e massacres tornariam odiosa a sua causa; que formando um levantamento imponente pelo número, escudados como se achavam pela boa razão eles imporiam a lei aos emboabas, que não eram em grande número, e conseguiriam completa reparação das injustiças, vexames e danos sofridos, e se fariam respeitar mais eficazmente de então em diante. Para esse fim convinha dilatar por mais alguns dias a execução do plano, até que se reunisse mais gente; Itabajuna podia ainda reforçar o seu contingente, e pelas imediações havia ainda grande número de paulistas e escravos fugidos prontos a se insurgirem, mas que não eram sabedores daquele plano de sublevação.

Este alvitre, porém, era repelido pela maioria com clamores de reprovação, e até com vaias. Julgavam-no perigoso e com razão, porque os portugueses, que já andavam algum tanto ressabiados, poderiam desconfiar da sublevação, ou mesmo serem dela informados por algum traidor; entendiam que deixar para mais tarde o rebentamento da insurreição era o mesmo que preparar o pescoço para uma corda.

Maurício, todavia, acoroçoado pelas manifestações daquela pequena fração, que aconselhava prudência e moderação, animou-se enfim a pronunciar-se.

Exagerando as tendências de moderação, disse que era possível fazer-se uma resistência eficaz e respeitável sem violência alguma, e sem derramar uma só gota de sangue; que o único autor das desgraças, que sobre eles pesavam, era Fernando, o homem mais tredo e perverso, que pisava sobre a terra. Procurou justificar o capitão- mor, fazendo um lisonjeiro retrato de seu caráter e afiançando suas boas intenções. O algoz era Fernando; era sobre este somente, que chamava os ódios e vinganças. Removido este gênio do mal, as cousas por si mesmas entrariam no seu estado normal; todos gozariam de paz e liberdade, e cessariam todos os vexames, de que até ali tinham sido vítimas. Era de parecer, pois, que reunidos em número suficiente, que pudesse impor, cercassem a casa do capitão-mor, e lhe intimassem com as armas na mão a expulsão de Fernando. Terminou dizendo que um assalto inopinado e traiçoeiro aos emboabas para cometer barbaridades e depredações seria um crime revoltante, um ato de canibalismo, só próprio de selvagens ou de feras bravias, para o qual nunca deveriam contar com ele.

Um sinistro sussurro de desaprovação acolheu estas palavras.

— Estamos perdidos! — murmurava um dali, — este homem quer nos entregar amarrados de pés e mãos em poder do capitão-mor.

— Fernando é o braço, — dizia outro dacolá, — o outro é a cabeça; corte-se a cabeça, que não haverá mais braço para nos ferir.

— Abaixo a cabeça do capitão-mor, de Fernando e de tudo quanto é emboaba, — bradavam todos. — Nada de contemplações! — morra tudo, quanto é emboaba! morra o velho das lantejoulas e da casaca vermelha!

— Morra!!

— Morra! morra! — repetiam os ecos das cavernas com medonhas repercussões.

Capítulo XII

A aparição e o refém

Maurício ficou transido de horror e indignação com essas vociferações de feroz canibalismo, e de braços cruzados e olhos fitos no chão esperava, que se amainasse a tormenta, que o ameaçava. Foi em vão; a fúria recrescia, e Maurício amaldiçoava a hora, em que se lembrou de abrir a boca para falar àquela gente bárbara e desvairada pelo ódio. Debalde Gil, Antônio e alguns paulistas mais assisados e prudentes procuraram acalmar os ânimos; a repressão cada vez mais os irritava. Os negros vociferando brandiam por cima da cabeça suas facas reluzentes, e os arcos dos indígenas em contínua agitação chocavam-se um nos outros como em suas danças selváticas, com estrépito medonho. A todo este tumulto mesclavam-se gritos imprudentes e doestos provocadores contra os moderados, e principalmente contra Maurício.

— Como em casa do capitão-mor, louvado seja Deus, não tenho ninguém, que me queira bem, — bradou uma voz de entre a multidão, — a primeira cabeça que peço é a do capitão-mor.

— Nem eu, — respondeu outra voz, — não tenho lá nenhuma Leonor...

Este terrível doesto foi certeiro ferir o coração de Maurício como uma seta envenenada. O mancebo ficou hirto, pálido e trêmulo de cólera, de indignação e de asco. Não quisera por cousa nenhuma que a lembrança somente de sua idolatrada Leonor pairasse pelo horror daquelas espeluncas malditas, e muito menos que seu nome fosse profanado por esses lábios satânicos sedentos de sangue. Vibrou olhares ardentes e lampejantes de cólera pela multidão, mas não lhe era possível reconhecer donde partira aquele brado insolente, soubesse, quem o soltara, que no mesmo instante se teria arrojado a ele como a hiena e o teria cosido a punhaladas.

— Saiba o infame, que acabou de me achincalhar, e que não tem ânimo de apresentar-se, — bradou com acento de furor concentrado, — que é verdade, que existe em casa do capitão-mor uma pessoa, a quem idolatro de todo o meu coração; não tenho escrúpulo nem receio algum de o declarar alto e bom som diante de todos que aqui se acham, e ai daquele, que em minha presença ousar já não digo tocar-lhe as mãos, mas somente proferir-lhe o nome com menos respeito.

— Está tudo perdido! — murmurou Gil consternado, e depois achegando-se de Maurício e tomando-lhe o braço:

— Maurício, — disse-lhe em meia voz e com acento angustiado, — tua imprudência nos perde!...

— Oh! Gil, — respondeu-lhe Maurício no mesmo tom voltando do terrível assomo, que lhe perturbava o espírito, — que hei-de eu fazer?... estes covardes me insultam, não; não posso acompanhar-te com esta turba de feras indomáveis...

Não pôde continuar; suas palavras imprudentes tinham levado ao cúmulo a exaltação e furor, que já lavrava no meio daquela horda ingovernável. Nem a autoridade e prestígio de Gil, nem as diligências de Antônio, nem a intervenção de mais alguns paulistas conseguiram aplacar-lhes a sanha, que cada vez mais recrudescia.

Assim, quando o caçador ao partir para a caça embocando a buzina chama os cães e disparando um tiro dá o sinal da partida não há mais contê-los na impaciência de sair, nem gritos, ordem, nem pancadas, que imponham termo ao alarido infernal de seus uivos, ganidos e incessante ladrar.

— Traidor! traidor! morra o traidor! — vociferava uma multidão de vozes, e alguns já avançavam sobre Maurício ameaçadores e de arma feita. Gil, Antônio, Bueno e Calixto rodearam Maurício, que imóvel e de braços cruzados se oferecia calmo e resignado ao furor selvático de seus agressores, como quem desejava ali acabar aos golpes daquela turba desvairada para pôr fim a sua tão cruel e angustiosa situação.

Mas eram poucos contra a multidão, que se errojava furiosa contra Maurício, continuando a bradar morra! morra o traidor!...

Gil, vendo que aquele fatal incidente ia levar ao mais desastrado malogro a empresa começada com tão felizes auspícios, reassumiu uma energia suprema. Torvo e imponente, vibrando olhares imperiosos e chamejantes sobre a turba, que o rodeava, alçou-se sobre ela de toda a altura de seu soberbo porte. Dois impulsos, cada qual mais poderoso, a amizade, que lhe mandava salvar o amigo do furor brutal daquela horda enfurecida, e o receio do malogro, em que via prestes a naufragar a causa da insurreição, davam à sua fisionomia um ar terrível, a sua alma uma energia e denodo irresistível.

— Calem-se! calem-se! calem-se! — bradou três vezes com voz estrugidora ferindo rijamente o chão com o pé.

A este brado o revolutear dos vultos e a vociferação frenética cessou como por encanto.

— Loucos, — continuou Gil, — o que pretendem com semelhantes motinarias?! Se estamos aqui para empregarmos nossas armas uns contra os outros, adeus! que eu e todas as pessoas de algum siso os vamos deixar entregues a si mesmos. O capitão-mor terá pouco ou nada que fazer por que antes de se apresentarem diante dele, já todos aqui se terão estrafegados uns aos outros! Eu desejo saber quem manda aqui? temos ou não um chefe?...

— Temos, sim, — bradaram todos; — és tu, Gil, és tu...

— Nesse caso obedeçam-me. Ai daquele, que levantar a mão contra Maurício!... fiquem tranqüilos a respeito de sua lealdade. Maurício tem motivos nobres para querer poupar o capitão-mor e sua família, mas é incapaz de ser contra nós e de atraiçoar-nos. Sim, é incapaz, eu vos afianço, e dou-vos em penhor a minha cabeça.

— Antônio também oferece a sua, — acudiu o índio, — cortem-me esta cabeça como a um vil, se algum dia meu amo nos atraiçoar. Mas por Deus! não o ofendam, ele não irá dizer nada ao capitão-mor, não; mas saltará sobre vós como o canguçus, e Antônio será com ele.

Dominados pelo tom e atitude imponente e prestigiosa de Gil, secundado pelos esforços de Antônio e de alguns paulistas dispostos a aplacar ou rebater um conflito eminente, os revoltosos se acalmaram por instantes.

Mas a questão, que dividia os ânimos, não estava ainda decidida, e era mister tomar uma deliberação. Continuaram a altercar viva e calorosamente, se deviam ou não assaltar incontinenti a povoação, ou esperar que se reforçassem com maior número. Novas cenas tumultuosas prorromperam, já não provocadas por Maurício, que cheio de angústia e inquietação se recolhera de novo ao silêncio, mas pelos outros, que se exaltavam de mais em mais.

Foi Antônio quem desta vez tentou aplacar as procelas intermináveis e sempre renascentes, com sua linguagem tosca, e sua exaltação selvática, mas enérgica e pitoresca.

— Que é isto, minha gente! — bradou ele do alto de um pilar quebrado de estalagmita, que galgara de um salto; — que é isto!... se é só para fazer este berreiro e matinada, que aqui viemos, Antônio vai-se embora; não contem mais com ele. Tenham mais respeito a este lugar; esta é a caverna de Irabussu, meu tio do mato, pajé sagrado, que conversava com Tupã. Irabussu falava pouco e não gostava que berrassem a seus ouvidos. No entanto ele era o terror dos emboabas; por artes de Irabussu cinco deles morreram por estas buracadas, e aí ficaram para sempre sepultados; suas ossadas ainda por aí andam espalhadas pelo chão; suas carnes foram comidas pelas onças e outros bichos do mato. Irabussu também quis aqui morrer. Seu espírito decerto

87

volteia por essas sombras a pedir vingança; vingança por ele e por sua filha, que lá está gemendo na escravidão em poder do emboaba! Se Irabussu fosse vivo, ele apareceria entre nós, e nos viria ensinar o que devemos fazer para dar cabo de nossos opressores. — Ó Irabussu! Irabussu! —bradou com toda a força o jovem índio voltando-se para o fundo da caverna, como pitonisa inspirada sobre a trípode evocando as sombras dos mortos.

— Irabussu! — respondeu uma voz longínqua e surda das profundidades da caverna. Todos cuidaram ser um desses ecos, a que já estavam habituados, e que do seio das cavidades repercutia a última palavra de Antônio.

— Irabussu! — reboou de novo a mesma voz, como o rugido surdo da pantera, porém já mais vizinha e mais distinta. Todos volveram olhos espantados para o lado, donde partia aquela voz estranha. Daí a instantes, por entre as sombras do limbo tenebroso foram-se desenhando as formas confusas de um fantasma colossal, esguio e pavoroso, que avançava lentamente para eles.

— Aqui está Irabussu!... que querem dele?... rosnou o espectro com voz fúnebre e gutural. Ninguém duvidou que era a sombra ou o espírito de Irabussu, que surgia daqueles túmulos cavados pela natureza, e todos espavoridos, com os cabelos hirtos e o coração gelado de pavor encaravam o temeroso fantasma, sem que ninguém ousasse dirigir-lhe a palavra. O próprio Antonio, que nunca pensara que o velho bugre acudisse à sua evocação, estava oprimido de assombro. Gil, Maurício e outros, que nunca haviam tremido diante de cousa alguma deste mundo, estavam transidos de pavor até à medula dos ossos. Foi entretanto o próprio Antônio, quem se abalançou a falar ao medonho fantasma.

— Já que nos apareces, Irabussu, — balbuciou o índio com voz trêmula e apavorada, — estejas vivo ou morto, dize-nos o que devemos fazer para vingar-nos de nossos tiranos, e revela-nos também o segredo dessa mina, que contigo guardavas, e que levaste contigo para a sepultura. Não temos sede de ouro, como esses malditos emboabas, tu bem sabes; mas precisamos dele para vingarmos a ti, a nós todos, e livrarmos a tua Judaíba, que até hoje lá geme na escravidão.

— Quando os filhos da terra de Tupã tiverem derramado a última gota do sangue do emboaba, Irabussu lhes dará ouro aos montões, — disse pausada e solenemente o espectro, e de novo embrenhou-se pelas lôbregas sombras, donde surgira, e onde ninguém ousaria penetrar.

Repassados de assombro os insurgentes ficaram por largo tempo silenciosos entreolhando-se espantados. O pavoroso fantasma viera lançar-lhes nos ânimos mais um novo e poderoso incentivo para excitar a fúria da vingança.

Esse ouro, que lhes prometia aos montões, tornou ainda mais ardente a sede, que tinham ao sangue do emboaba. Recresceu o tumulto e a gritaria, e muitos queriam naquele mesmo instante abalarem-se para assaltar a povoação.

O assombro porém e a consternação, que lançou sobre o espírito de Maurício a fatal aparição, é o que a custo se poderia imaginar. Tudo se lhe afigurou então com as cores as mais lúgubres e sinistras. Não era mais possível conter a lava impetuosa, que brotava daquela cratera incandescente. Pintava-se-lhe na imaginação aquela horda feroz e desenfreada, sedenta de sangue e de ouro caindo de chofre sobre a povoação, massacrando tudo sem piedade, entrando furiosa em casa do capitão-mor com os pés cobertos de lama sangrenta, penetrando nos recatados aposentos de Leonor, ultrajando-a, trespassando-a de punhaladas, ou talvez pior ainda... talvez com brutal cinismo violando-lhe a pureza imaculada! Entre tão horríveis imagens o sangue lhe afluía à cabeça, sentia calafrios, um suor gélido lhe porejava da fronte, e os objetos se lhe apresentavam aos olhos desvairados como cingidos de uma auréola de sangue. Não pôde mais conter-se, soltou um grito de alucinação:

— Tirem-me daqui!... tirem-me daqui, ou matem-me, — bradou com o acento do terror e do desespero.

— Que tem, Maurício, que tem? — exclamou Gil acudindo inquieto e pressuroso ao seu amigo.

— Oh! arranquem-me daqui por piedade. Não; não serei eu nunca, que mancharei minhas mãos no sangue dos...

— Cala-te, Maurício, — atalhou sofregamente Gil, — cala-te, por piedade também te peço... mais um pouco de paciência...

Não puderam continuar; uma grita enorme abafou-lhes as falas.

A exclamação de Maurício tinha de novo despertado todas as desconfianças dos insurgentes.

— Morra! morra o traidor! — bradaram de novo.

— Já disse, — gritou Gil, — que respondo por ele com minha cabeça; serei também traidor?... O dia não pode tardar; é tempo de nos dispersarmos; na noite próxima veremos o que se deve fazer...

— Sim! Sim! — responderam muitas vozes, — mas esse homem ou deve morrer, ou daqui não há de sair, enquanto não acabarmos a nossa empreitada. Fiarmo-nos nele, oh!... nunca! nunca mais!...

— Nunca! nunca mais!... repetiram muitas vozes.

— Matem-me, ou deixem-me sair, bradou Maurício em desespero.

— Sair nunca!... morra! morra! vociferaram alguns já avançando para Maurício de punhal alçado.

— Não morrerá enquanto Antônio viver, — exclamou o índio saltando em defesa de Maurício e colocando-se diante dele.

— Pois então aqui ficará preso até levarmos a cabo a obra de nossa vingança...

— Nunca! — rugiu Maurício como tigre enfurecido; — ou hão de matar-me, ou hão de deixar-me sair livremente.

— Nesse caso morra!...

— Não há de morrer! — replicou Antônio com voz firme e imperiosa; — deixem-o sair; eu ficarei por ele aqui nesta gruta, bem guardado e vigiado, sem comer nem beber, amarrado de pés e mãos, se o quiserem. Eu aqui ficarei e no momento em que souberem que meu patrão Maurício nos atraiçoou, cortem imediatamente a cabeça de Antônio.

— Que fazes, meu bom amigo? — disse-lhe Maurício; — deixa-os, que me matem; eu sou um desgraçado, que para nada posso mais ser útil neste mundo; a vida de hoje em diante me é um peso insuportável. Deixa que me matem.

— Vá-se embora, patrão; vá, eu ficarei por Vm.

— Vamos, vamos, Maurício, — disse Gil travando-lhe fortemente do braço, e arrastando-o quase à força para fora da caverna.

Os insurgentes atônitos e comovidos com a dedicação do generoso índio o aceitaram em refém e fiador da lealdade de seu patrão, e não ousaram mais opor-se à saída deste.

Assim pois se debandou anarquicamente ainda a reunião daquela noite sem nada ter-se resolvido definitivamente.

Distando a gruta cerca de légua e meia do povoado, os paulistas, que nele residiam, precisavam entrar ainda com as sombras da noite, um por um e com todas as precauções a fim de não despertarem suspeitas. Os índios e negros fugidos embrenharam-se pelas matas procurando seus coutos conhecidos.

Se bem que o refúgio daquela espelunca fosse até ali completamente ignorado dos emboabas, Gil todavia julgou prudente estacionar ali alguns vigias permanentes, a fim de que, se por acaso alguém viesse a descobri-la, os insurgentes pudessem ter aviso e tomar as medidas convenientes.

Era ali pois o quartel e o depósito de armamentos e munições. A essa escolta ficou entregue Antônio, não amarrado de pés e mãos, porém guardado com a mais severa vigilância.

Capítulo XIII

Tiago, o mameluco

O leitor pode fazer idéia do estado deplorável, em que se acharia a alma de Maurício, depois que se retirou da gruta nefasta. Seu espírito se achava como aniquilado sob o peso esmagador das fatais circunstâncias, que lhe tolhiam toda e qualquer ação. Ficar inerte e impassível em face das calamidades, que se preparavam, também não lhe era possível. Não podia salvar Leonor e o capitão-mor sem avisá-los do levante, que se projetava, sem atraiçoar esses dedicados patrícios, que na melhor fé contavam com seu tino, esforço e dedicação para ajudá-los a sacudir o odioso jugo, que os vexava. Demais Antônio lá ficara na gruta como penhor de sua lealdade, e denunciando o movimento ele seria duas vezes traidor, sacrificando também o amigo, cuja cabeça fora a garantia de sua vida. Tais pensamentos nem por um momento poderiam se aninhar no espírito do nobre e generoso paulista. Tomar parte no levante era levar a destruição, o incêndio, a carnificina à habitação de seu benfeitor, e talvez a morte e a profanação ao seio da amante idolatrada. Calar-se mesmo era também atraiçoar ao amor, à amizade e à gratidão; era ser consentidor e cúmplice na morte dos seres, a quem mais devia, e mais amava neste mundo. Fugir não podia; desamparar covardemente Leonor sobre uma cratera prestes a fazer explosão era uma infâmia. Que cruel e inextricável situação!... Oh! se ao menos fosse ele a única vítima das horríveis catástrofes, que antevia; mas não; por qualquer dos lados, que se declarasse, com ele e por ele iriam ser sacrificados inevitavelmente os entes mais caros ao seu coração.

O dia inteiro, que se seguiu à cena da gruta, Maurício o passou encerrado em seu aposento entre as dolorosas vacilações, que lhe estortegavam o coração empenhando-o violentamente para lados opostos. Em vão dava tratos ao espírito procurando um meio termo, pelo qual conseguisse sem trair a seus patrícios amparar e defender os bens e a vida do capitão-mor e sua família. Não havia uma saída para o círculo de ferro, em que se achava comprimido. Era ele agora o único, que não acompanhava o ódio geral contra os emboabas; já nem o próprio Antônio se achava a seu lado. Este, depois que soubera que o capitão-mor, namorado de Judaíba, a queria para si, abjurou todos os laços de afeição, que o prendiam à família de Diogo Mendes, e abraçou com ardor a causa dos insurgentes por ser o único meio de reivindicar sua querida amante. Sabendo de Maurício, que o capitão-mor exigia a sua entrega, o atilado caboclo logo adivinhou-lhe a intenção.

— Decerto o velho emboaba quer mandar-me para longe, — pensou ele, — a fim de separar-me de Judaíba. Como te enganas, maldito!... Antônio nunca mais te cairá nas garras; e nem Judaíba nunca há de ser tua; nunca!... eu te juro pela alma de Irabussu!

Entretanto doía-lhe no fundo d´alma ter de contrariar seu querido patrão, cuja indecisão e abatimento muito o magoavam.

— Patrão, — disse-lhe ele, — eu vou sumir-me, e não aparecerei aqui senão à escondidas, visto que o patrão-mor quer deitar-me a unha; mas tenho esperança de que Vm. irá juntar-se em breve conosco no mato para darmos cabo desta corja de perros, que nos mordem.

— Não sei, Antônio, não sei; minha posição é inexplicável. Um raio, que me fulminasse poderia somente arrancar-me do terrível embaraço, em que me acho.

— Qual embaraço!... creia o patrão, que não há de possuir sinhá Leonor, senão quando a for pedir com um punhal tinto no sangue do malvado Fernando, assim como Antônio não terá Judaíba, nem Calixto terá Helena senão depois de arrombar portas e arrancá-las à força por cima dos cadáveres dessa canalha maldita. Ânimo patrão!... não é com lágrimas, que havemos de conseguir nada; mas sim com sangue, e muito sangue!...

— Antônio, se me queres bem, não me fales em sangue...

— Pois bem, já que assim o quer; entretanto adeus, patrão; não há remédio senão deixá-lo; mas eu lhe aparecerei todos os dias, sem que ninguém mais me veja. Malvados! que vêm me desterrar, querem me roubar minha Judaíba!... ou hão de matar-me, ou ela há de ser minha... Adeus, patrão; se vir-se em apertos e precisar de mim, eu não estou longe; lembre-se da gruta de Irabussu.

— Vai, Antônio; faze o que entenderes; mas fico certo, que nunca o teu ferro se levantará contra o capitão-mor, e que se alguém ousar tocar em Leonor, serás o primeiro a te lançar sobre ele como um jaguar...

— Eu o juro, patrão... em presença de Antônio ninguém os ofenderá!... adeus!...

Voltemos porém ao ponto, em que deixamos nossa narrativa. Enquanto Maurício na mais cruel perplexidade via se escoarem as horas daquele longo dia, Antônio cuidadosamente vigiado se conservava na caverna de Irabussu como fiador da lealdade de seu patrão, calmo e tranqüilo, como quem não tem remorsos no passado, nem receios no porvir.

Entretanto em casa do capitão-mor passavam-se graves acontecimentos, dos quais é preciso informar o leitor. Desde o dia, em que Maurício fora como que despedido da casa de seu benfeitor, Leonor, que ignorava aquele acontecimento, notando a ausência e retraimento do amante, começou a entristecer-se; cruel pressentimento lhe pesava sobre o coração. O desaparecimento de Antônio contribuía para aumentar-lhe a inquietação. Sabia que Maurício se achava no povoado, por que o via às vezes à janela de sua casa, mas tão pensativo e abatido, que mais lhe dobrava as tristes apreensões. Ousou perguntar por eles a seu pai em presença de Fernando e de Afonso.

— Que te importam esses farroupilhas? — respondeu o pai com mau-humor; — andam por aí; decerto não estão tratando de nosso sossego, nem de nossa felicidade.

O capitão-mor, que não desistia do seu projeto de esposar Judaíba, já acreditava firmemente em um plano de sublevação; não duvidava que Antônio tomasse parte nele, e sentia profundamente abalada a confiança, que até ali depositara em Maurício.

Também os sentimentos de generosidade e cavalheirismo de Afonso foram passageiros; não duraram senão enquanto tinha diante dos olhos a cena lastimosa, de que fora o principal autor. Fernando teve o cuidado de estimular de novo os instintos perversos, que com tanto esmero e solicitude ia plantando e cultivando naquela alma juvenil.

Seu ressentimento contra Calixto recrudescia, à medida que se exaltava a cega paixão que concebera por Helena, a quem agora podia ver e falar a todo momento,que quisesse, se bem que esta sempre refugiada ao pé de Leonor, lhe manifestasse a mais decidida e insuperável esquivança. Como facilmente acreditamos naquilo que desejamos, Afonso também já pensava em uma conspiração, em que Calixto infalivelmente devia achar-se envolvido. Afonso teve pois a grosseira lembrança de chalacear com sua irmã, que inquieta e angustiada perguntava por Maurício e Antônio.

— Se a Helena não estivesse aqui, — disse ele chacoteando, — eu diria que Maurício estava em casa do mestre ferreiro com o Gil e o Calixto, a fazer-lhe a corte. Não sendo assim deve andar com o Antônio pelo mato a caçar onças.

Fernando conservou-se silencioso, mas o sorriso de diabólico sarcasmo, que lhe pairava pelos lábios, foi para o coração de Leonor uma seta envenenada mil vezes mais lacerante, que as respostas sardônicas de seu pai e seu irmão. Pressentiu, que Maurício e seus amigos estavam definitivamente perdidos no espírito do capitão-mor, e sua inquietação transformou-se em angústia cruel e mortal abatimento.

Para acabar de um só golpe os restos de confiança e estima, que ainda porventura Maurício merecia do capitão-mor, bastava a Fernando revelar ao capitão-mor o amor extremo, que o paulista consagrava à sua filha. Fernando porém até ali mui de propósito tinha deixado de dar este passo. Sabedor disso o capitão-mor não faria mais talvez do que desterrá-lo, enxotá-lo da sua presença e para bem longe. Isto só porém não satisfazia ao ódio de Fernando, que queria tomar de seu rival a mais completa e cruel vingança. Cumpria-lhe irritá-lo a ponto de compeli-lo a algum ato de violência, que lhe custasse a cabeça, e com este resultado Fernando contava com toda a segurança. Portanto já bastante desconfiado da docilidade dos paulistas e contando quase como certa mais tarde ou mais cedo uma sublevação não cessava de persegui-los, prendê-los e castigá-los sob o mais insignificante pretexto; trazia tudo debaixo da mais severa vigilância; fazia rondas todas as noites, varejava casas, fazia inquéritos e devassas continuadas; mas ou por um feliz acaso ou por precauções prudentemente tomadas pelos conspiradores não tinha podido até ali colher indício algum de planos de insurreição. Posto que contasse com ela, todavia não tinha medo algum, pois presumido e soberbo como era, entendia que só com um grito faria tudo tremer e rojar-se humilde a seus pés.

Maior ainda era a seguridade do capitão-mor, o qual confiado na sua fidalguia e alta posição e no terror, que infundia sua valente espada, preocupava-se tanto com uma sedição daquela gente, como com o arreganho de alguns cães a ladrarem. Dormia tranqüilo sobre um vulcão descansado na vigilância e rigorosas medidas preventivas de Fernando, e não via que esses paulistas oprimidos, esses escravos índios e africanos, que de dia trabalhavam para ele de rosto alegre, iam de noite para o mato amolar em segredo o punhal da vingança.

Havia entretanto em casa do capitão-mor um ente singular, de que até aqui não temos dado conhecimento ao Leitor, e que já farejava pelos ares e como que adivinhava a eminente sublevação dos paulistas. Era um pequeno escravo ou criado de raça indígena mesclada ao sangue africano, a que então se dava o nome de mameluco. Esse diabrete, pequeno, delgado e raquítico, ágil como um macaco, leve como um silfo, sutil como uma sombra, achava-se por toda a parte quase sem ser visto. Pelo físico parecia um menino de doze a quatorze anos, e chorava como criança, se seus amos o castigavam. Por isso muitos o julgavam apenas um menino travesso, tendo suas diabruras em conta de puras criançadas.

Era o brinco e regalo do capitão-mor, a quem divertia com suas truanices. Era mui jovial e galhofeiro, tocava machete, dançava e cantava lunduns, e tinha por isso entrada em todas as casas, e era admitido e muito apreciado nos folguedos. No mato um sagüi não lhe levaria a palma em grimpar pelas árvores e saltar de ramo em ramo pela coroa das florestas; era capaz de viajar léguas sem pôr o pé em terra. Também montava admiravelmente a cavalo, e seria um jóquei de fazer furor a qualquer lorde inglês. Enfim, tinha faro de cão, leveza e agilidade de irara, esperteza e astúcia de raposa. Dotado além disso de muitas habilidades e prendas úteis seria o melhor dos criados, se uma perversidade inata, uma índole profundamente maléfica não o tornasse o pior dos homens. Era de São Paulo, chamava-se Tiago e era o pajem favorito de Fernando, que melhor que ninguém conhecia-lhe as manhas.

Tiago, pois, com a perspicácia e tino malévolo, de que era dotado, desconfiou por alguns indícios que ia observando, que alguma cousa se transava fora da povoação. Vagando a desoras teve ocasião de ver alguns paulistas desgarrados embrenharem pela mata do Rio das Mortes; outra vez foi à casa de mestre Bueno à noite já mui tarde, bateu e não encontrou ninguém; o mesmo praticou e o mesmo aconte-

97

ceu-lhe em casa de outros paulistas. Isto reunido a outros sintomas, que escapavam a todos, mas que o ardiloso mameluco espreitava com sutil sagacidade, fê-lo conceber bem fundadas suspeitas de conluio para uma insurreição.

Foi isto para o perverso rapazinho o mais precioso achado, e dando pulos de contente apressou-se em dar conta a Fernando de tudo, que tinha observado naqueles dous últimos dias.

— Meu amo, — disse-lhe ele, — estes paulistas andam com o diabo no corpo, e sem dúvida estão aprontando alguma estralada.

— Que estralada?

— Ora que estralada!... nada menos do que algum levante...

— Estás doido!... como sabes disso?...

— Ora!... tenho cá um dedinho, que me conta tudo que vai por esse mundo. Aí pelo mato há cousa. O Maurício anda trombudo que nem o diabo, e o Gil anda assim como espaventado e sem sossego, e há dias, que o acho com outra cara. Meu parente Antônio sumiu-se. O Bueno e o Calixto quase que não trabalham mais na forja; fui ontem lá com o sol alto, e eles que sempre foram os maiores madrugadores do mundo, ainda estavam dormindo. Às vezes me parece ouvir um certo zumbido aí por esses matos.

— Explica-te melhor, Tiago, e dize-nos tudo o que sabes.

— Não posso; por ora é só isto, que sei, mas eu sou mestre de acompanhar as abelhas até descobrir o cortiço.

— Ah! Tiago! Tiago! se m'o descobres, — exclamou Fernando esfregando as mãos de contente, — dou-te a liberdade, dou-te muito ouro, dou-te tudo, que quiseres, e para estréia toma lá já, — disse atirando-lhe algumas moedas, que o caboclinho aparou no ar. — Anda, corre, voa, esquadrinha e fareja tudo com a tua costumada esperteza.

Nenhum interesse por Fernando, pelo capitão-mor, nem por nenhum dos emboabas induzia o maldito mameluco a fazer-lhes este serviço denunciando a insurreição, não lhes tinha afeto nem dedicação alguma, e era levado simplesmente pelo espírito de fazer mal aos paulistas, aos quais odiava de todo o coração como odiava a todo mundo. Folgaria de vê-los todos pendurados a uma forca; mas também muito se alegraria com o espetáculo de uma degolação de emboabas a principiar pelo próprio Fernando. Deliberou ser de ambos os partidos para não ser de nenhum; o que queria era que ambos se fizessem um ao outro o maior mal possível, e nesse intuito propôs-se a desenvolver todo o seu diabólico tino e sagacidade para se pôr ao fato do que se passava de um e outro lado.

O sol já ia mui baixo, e entretanto Maurício não saía de sua angustiosa inação. Ao tempo que Tiago em casa do capitão-mor denunciava a insurreição, Gil ia ter com o seu amigo afim de tentar um derradeiro esforço para induzi-lo não já a tomar partido pelos insurgentes, mas a retirar-se afim de que não fosse vítima de uns ou de outros.

— É forçoso, — dizia-lhe, — que tomes quanto antes uma resolução, qualquer que ela seja.

Sabes quanto sou teu amigo; respeito o teu amor, e sei quanto é melindrosa a tua posição; mas agora bem vês que me é forçoso pôr a amizade de lado e ajudar nossos patrícios no desforço que pretendem tomar desta corja, que nos oprime.

— Bem sei, Gil; nem vai aí nenhuma quebra de nossa amizade; é o destino que nos separa nesta fatal contingência.

— Sim; mas eu quero salvar-te a ti também, Maurício; corres mais perigo do que ninguém. Preocupado com os riscos, a que está exposta a tua amante, não reparas que a tua pessoa e a tua vida mesma não têm a menor segurança. Estás exposto a ser vítima de uns e de outros. Tu bem viste como, já não digo tanto os paulistas, mas essa gente feroz e turbulenta, que se uniu a nós, porque temos necessidade de seu auxílio, tu bem viste como já se acham indispostos e desconfiados contigo. Basta que levantes a voz para moderar seus impulsos sanguinários, para que logo ao grito de — traição — alcem-se sobre tua cabeça uma multidão de punhais. Por outro lado bem conheces o ódio implacável, que te vota Fernando, e as pérfidas ciladas, que continuamente te arma; embora te ponhas de parte, nem por isso deixarás de passar por um dos cabeças do motim. Já estiveste conosco na gruta de Irabussu; e se formos denunciados, ou mal sucedidos, não faltará quem ateste, que lá te viu. Demais as palavras altivas e independentes, que disseste ao capitão-mor, tornaram-te suspeito aos emboabas. Portanto, meu caro Maurício, o único recurso, que te resta, a meu ver, é fugir para bem longe.

— Fugir, eu?... — replicou Maurício com vivacidade; — fugir eu, e deixar Leonor exposta aos furores de uma horda selvática e sanguinária, e às mais horríveis calamidades!... Oh! nunca! nunca!... não me fales em fugir, meu caro Gil. Ficarei ali de sentinela, como um cão à porta de seu senhor, imóvel e de braços cruzados. Deixá-los-ei fazer o que quiserem, derramar a jorros o sangue do emboaba, e saciar à farta sua sede de vingança. Mas quando penetrarem na habitação de Leonor, me encontrarão à sua frente amparando-a com o meu corpo.

— Nada receies por tua amada, Maurício; tomarei a meu cargo protegê-la e ampará-la da ferocidade de nossa gente. Confia em mim; ela é inocente e eu farei por ela tudo, que tu mesmo farias. Demais ela é paulista, e todos nós paulistas não consentiremos, que se lhe toque em um só fio de seus cabelos.

— E o capitão-mor, Gil?...

— Ah!... por esse não posso responder; ele é homem e valente, e a sanha dos nossos contra ele é imensa e violenta... Se eu quiser poupá-lo, talvez se voltem contra mim, e então tudo estará perdido.

— Oh!... então o meu benfeitor está irremissivelmente condenado!... meu Deus! que golpe sobre o coração de Leonor! e eu terei podido salvá-la dessa terrível orfandade, e não o terei feito!..., e ela o saberá, porque o meu desaparecimento chamará sobre mim as mais bem fundadas suspeitas, e ela me atribuirá o assassínio de seu pai, e me odiará, me desprezará, me amaldiçoará... Oh! não, Gil; não devo fugir!... já que não podes defender também a vida do capitão-mor, ali ficarei eu de braços cruzados para defendê-lo...

— E lutarás contra teus amigos?...

— Oh!... isso é horrível!... não... mas...

— Pondera bem o que fazes, Maurício!

Maurício sentou-se, pôs a cabeça entre as mãos, e ficou por largo tempo silencioso e mergulhado em profunda meditação.

— Está decidido! — exclamou por fim levantando-se e com voz firme e resoluta. — Para poder salvá-los o único recurso que me fica é declarar-me o seu mais encarniçado inimigo. Gil, serei dos vossos; hoje mesmo irei reunir-me convosco na gruta de Irabussu, e de lá não voltarei senão com o punhal em uma das mãos, e o facho na outra. Serei o mais exaltado e feroz de entre todos; mas só exijo uma condição...

— Qual é? dize.

— Quero ser o chefe...

— Tu o serás.

— Afianças?...

— Afianço, por nossa amizade; serás o chefe.

— Pois bem!... eu não poderei lá me apresentar senão mui tarde; vai tu mais cedo, dize a Antônio que esteja tranqüilo, e vê que aqueles bárbaros em sua impaciência não queiram sacrificá-lo. Depois da meia-noite às duas da madrugada ao mais tardar, lá me acharei.

Capítulo XIV

Trágica interrupção de uma
entrevista amorosa

Maurício tinha razão; o único meio eficaz, que lhe restava, de proteger o capitão-mor e sua família contra o furor dos revoltosos era pôr-se ele próprio à testa da revolta. Tomada esta resolução extrema imposta por sua situação desesperada, não pôde entretanto resolver-se a ir tomar a direção da empresa fatal sem ir ver a sua Leonor, sem dizer-lhe um adeus, que talvez será o derradeiro, sem explicar-lhe... mas o que poderá ele explicar-lhe?... nada lhe poderá revelar; mas é forçoso dizer-lhe alguma cousa, que a tranqüilize, e que justificando-o aos olhos dela faça com que para o futuro não venha a duvidar de seu amor e lealdade. Irá mentir, embora!... dirá, que compelido pelas circunstâncias e para fugir ao ódio de Fernando, que o persegue, vai desaparecer por algum tempo, ou talvez para sempre, se a sorte lhe não for propícia.

Para isso lhe é precisa uma entrevista particular com Leonor, idéia a que jamais se abalançara a ousadia do mancebo. Esse passo é de extrema dificuldade e quase impossível; Maurício, porém, o considera absolutamente necessário, imprescindível. Em vista do tratamento, que ultimamente recebera de Diogo Mendes, vedava-lhe o pundonor apresentar-se em casa dele; portanto nem lhe era possível avisar Leonor deste seu intento e pedir-lhe a permissão, bem como lugar e hora para a entrevista. Tinha porém Maurício um grande e excelente recurso à sua disposição para achar-se em presença de Leonor a sós e sem ser visto por ninguém, no jardim que ficava por baixo do terraço, que, como sabe o leitor, era o lugar de recreio ou de recolhimento, em que Leonor costumava desabafar na solidão as máguas e saudades, que lhe oprimiam o coração. Era este jardim cercado por altos muros; não seria por cima deles que Maurício procuraria ingresso. Enormes e ferozes cães o vigiavam por fora, e pelo menos dariam alarma por toda a casa, se alguém tentasse galgar esses muros.

O jovem paulista ao construir a casa de Diogo Mendes tinha por ordem expressa deste feito praticar nos aposentos do capitão-mor uma porta oculta, e uma escada, que descia a um caminho subterrâneo, que ia respirar muito longe por fora dos muros da quinta... Os esconderijos, portas e escadas secretas eram nos tempos coloniais muito comuns nas casas e fazendas dos homens ricos e importantes para terem um refúgio ou meio de evasão em caso de perseguição política, ou de alguma sublevação do povo, ou dos escravos, ou de alguma irrupção de índios. A um desses esconderijos um dos inconfidentes de 17... deveu escapar às garras dos ferozes agentes do governo da metrópole.

O caminho subterrâneo passava por baixo do jardim de Leonor, e não seria preciso a Maurício mais do que levantar uma das lajes não mui pesadas, que serviam de pavimento às ruelas do pequeno jardim, para nele se apresentar como um fantasma surgindo da campa. Ora como sobre este jardim só davam as janelas dos aposentos de Leonor, nenhum perigo havia de ser visto senão por ela. Esta comunicação secreta só era sabida pelo capitão-mor e Maurício; a própria Leonor não tinha ainda conhecimento dela.

Por largo tempo hesitou Maurício em sua escrupulosa consciência, se deveria aproveitar-se desta facilidade por ele mesmo criada não para fins indignos, pois respeitava Leonor, como se respeita o que há de mais santo e sagrado, mas somente na previsão de futuras eventualidades. E de

103

feito as circunstâncias especiais, em que a vinda de Fernando veio colocar a infeliz Leonor, iam em ordem a justificar as apreensões de Maurício.

Nessa noite Leonor, como era de costume antes de recolher-se, foi debruçar-se ao alpendre do terraço, e ali demorou-se largo tempo acabrunhada de cuidados, e entregue às mais sombrias e dolorosas imaginações. Era em agosto, fazia calor, e um escasso luar penetrando a custo através da espessa caligem, que toldava a atmosfera, mal alumiava as formas vagas das montanhas e os vales silenciosos, onde nem a mais leve brisa agitava os topes dos arvoredos naquelas desoladas regiões. A povoação sepulta na mais profunda mudez parecia completamente erma, posto que fossem quando muito nove horas. A opressão, que Fernando fazia pesar sobre os habitantes do lugar recalcava mudos e desalentados no fundo de seus lares sem alegria aqueles, que não andavam pelos matos aguçando o punhal da revolta. Nem uma cantiga, nem o som de uma guitarra, nem o rumor de uma conversação acordavam aqueles ecos como que recolhidos ao silêncio de uma pavorosa expectação.

Leonor também sentia sua alma apavorada e entregue às mais lúgubres apreensões. Ignorava o rompimento de seu pai com Maurício, e a falta de freqüência deste em sua casa, bem como o desaparecimento de Antônio causavam-lhe a mais dolorosa e pungente inquietação.

— Ai de mim! — gemia ela consigo na solidão de sua alma; — nunca me vi tão sozinha e desamparada! que terá havido entre meu pai e Maurício, que este não aparece mais aqui?... e Antônio, que aqui vinha sempre tão alegre e esperançoso festejar a sua índia, o que será feito dele?... Só vejo em volta de mim rostos sombrios e ferozes. Essas duas companheiras, que aqui vivem prisioneiras junto comigo, a pobre Helena, e a coitada da Judaíba, são duas crianças, mas assim mesmo são elas somente, que às vezes me sorriem e me consolam! são mais felizes que eu; conversam, brincam, riem, e eu não tenho boca senão para lastimar-me, não tenho olhos senão para chorar neste desterro, a que vivo condenada!... Oh! minha boa terra de São Paulo!... ah! meu pai! ah! Maurício! Maurício!... por que desgraça viemos parar aqui!...

Súbito viu erguer-se como por encanto uma pedra, que lajeava uma das ruazinhas do jardim, e logo após surgir a cabeça e o vulto de um homem.

— Jesus!... exclamou Leonor pálida e trêmula recuando espavorida.

— Não se assuste, D. Leonor, — apressou-se em responder o vulto com voz abafada; — sou eu, Maurício.

Maurício!... ah!... mas como!... e para que fim vem aqui?...

— Perdoe-me, senhora, perdoe-me este atrevimento... Declare-me primeiramente, que me perdoa; depois eu lhe explicarei tudo.

— Perdôo, sim, perdôo, — disse Leonor balbuciante de emoção, — perdôo, mas...

— Ah! senhora, muito tenho a dizer-lhe, mas permita-me, que suba, ou desça a senhora ao jardim: se alguém nos ouvisse a voz...

— Mas, senhor Maurício, eu não devo... — balbuciou a moça hesitando.

— Tranqüilize-se, D. Leonor; eu a respeitarei como se respeitam os anjos, como se respeita a própria divindade, — replicou Maurício subindo os degraus da pequena escada de cantaria, que subia ao terraço.

— D. Leonor, — continuou ele, — é preciso que falemos baixo e que nos envolva o maior mistério, que for possível. D. Leonor, perdoa-me!...

E dizendo isto o mancebo prostava-se de joelhos aos pés de Leonor perturbado, arquejante e trêmulo de emoção. Era a primeira vez que se via assim a sós e misteriosamente em face dela.

105

— Levante-se, senhor!... oh! que medo me faz sua presença aqui!... meu Deus!... se meu pai, se Fernando sabem...

— Nada saberão, senhora; ninguém pode adivinhar esta entrevista, porque só eu sei do caminho, que aqui me conduziu. Não foi decerto para lhe fazer uma declaração de amor, que me animei a dar este passo; oh! não era preciso; a senhora sabe, que eu adoro-a, mas... circunstâncias fatais...

O mancebo interrompia-se e hesitava sem saber o que diria a Leonor.

— Ah! diga, — atalhou esta na mais viva inquietação, — diga, o que há demais?...

— Bem me custa dizer-lho, mas é preciso... Sou forçado a deixá-la, e venho dizer-lhe adeus, talvez o derradeiro!

— Que diz, senhor!... quem o obriga a deixar- nos!...

— Fernando, que me persegue, e acabará por me perder, e seu pai, que desconfia de mim, que me ameaça e me expele de sua casa. Sim, senhora, é preciso sumir-me, fugir para bem longe, e que ninguém saiba de mim para que não seja vítima das negras perfídias e maquinações infernais de seu indigno primo.

— Oh! — meu Deus! meu Deus! ainda mais este golpe!...

Exclamando assim Leonor cravava os olhos no céu com a mais angustiada expressão e apertava convulsivamente as mãos sobre os seios ofegantes. Seu porte altivo e esbelto dobrava-se ao peso da dor, que a oprimia, e desenhava-se junto ao alpendre como a estátua da angústia nos mais ideais e harmônicos contornos.

— Oh! não; não é possível, que me deixe assim desamparada, — continuou ela; — tem ânimo para isso, senhor Maurício?!... pois não nos será possível desconcertar as intrigas e perfídias de Fernando, desfazer-lhe as maquinações e resistir a suas perseguições?...

Maurício a contemplava sem responder; sua esplêndida beleza naquela penumbra misteriosa inspirava-lhe já não só amor, mas certo assombro, certa emoção solene, como até ali nunca sentira. Já ia de novo lançar-se a seus pés, tomar-lhe a mão e cobrindo-a de ardentes beijos dizer-lhe: — Não, não, Leonor! nunca te abandonarei; aqui ficarei a teus pés velando noite e dia...

Um rumor longínquo, que pouco a pouco vinha se aproximando, os veio sobressaltar e interromper-lhes as confidências. Era uma vozeria confusa de altercações, gritos e lamentos, e dentro em poucos momentos os dois amantes puderam ouvir mais distintamente algumas palavras e frases soltas.

— Foram os malditos paulistas, que o mataram, não há dúvida, — bradavam as vozes. — Pobre Minhoto!... ainda hoje de manhã tão contente, tão cheio vida, e agora... — Ai, meu Deus! nesta terra anda-se com um pé na sepultura!... Terra de ladrões e assassinos!... enquanto não dermos cabo destes paulistas!...

Ouvindo estas vozes soltas Leonor e Maurício compreenderam tudo que havia. Percebendo que o grupo se dirigia para a casa do capitão-mor, e viria pôr em alvoroço todos os seus habitantes:

— Adeus, D. Leonor! — disse Maurício com rapidez; — é preciso separarmo-nos já e já. Voltarei amanhã; permite?

Leonor não respondeu, mas estendeu a mão a Maurício, que nela imprimiu um beijo repassado de respeito e de amor.

A filha de Diogo Mendes correu consternada a encerrar-se em sua câmara, e Maurício de novo desapareceu como um duende debaixo da laje do jardim, e correndo com toda a presteza foi mais de perto espreitar sem ser conhecido, o que significava aquele rumor e ajuntamento. Alguns emboabas conduziam um cadáver em uma rede; a estes vieram se ajuntando pelo caminho muitos outros, que formavam em torno da fúnebre rede aquele préstito sinistro, e aquele coro de imprecações, gritos, blasfêmias e lamentos. O cadáver era do Minhoto, que já conhecemos como um dos mais opulentos mineiros do lugar, e como um dos mais avaros e abjetos de entre os mortais. Tinha ele nessa manhã saído a caçar veados em companhia de mais três ou quatro de seus patrícios dirigindo-se pelas margens do Rio das Mortes águas acima. Tendo ficado sozinho em uma espera, seus companheiros, que se tinham ido postar em outras, em pontos muito remotos, aí se conservaram por largo tempo em seus postos atendendo ao toque dos cães .Por fim perceberam que o veado, ou qualquer que fosse a caça, se dirigia para o lado do Minhoto, e ouviram-no atirar. Correram para o ponto, onde ficara de espera, e ali não encontraram nem Minhoto, nem veado, e nem a cavalgadura, e só ouviram a batida dos cães, que lá iam perseguindo um veado pela floresta além. Sobremaneira aflitos entraram a gritar, a dar tiros, a ver se o homem acudia; foi debalde. A tarde inteira assim andaram gritando e campeando por todos os cantos sem resultado algum. Enfim, à boca da noite, guiados pelos cães, que voltavam do mato, foram dar com o pobre homem já cadáver, estendido à beira de um córrego, banhado em sangue, e com o peito atravessado de muitas zagaiadas. Consternados, cheios de dó e terror os caçadores atravessaram o cadáver sobre um dos animais, e o vieram conduzindo, enquanto um deles a toda pressa corria ao povoado dar parte do ocorrido, e trazer uma rede para poderem levar o cadáver com mais decência e comodidade para a povoação, onde chegaram à hora avançada, em que os vimos entrar.

Maurício, postado em lugar onde não podia ser percebido pela multidão, os viu chegarem entre alaridos e lamentações à casa do capitão-mor, e entrarem no pátio . Diogo Mendes, Fernando e todos de casa imediatamente acudiram de tropel à varanda, e começaram a indagação do fato, que foi exposto de um modo tumultuoso querendo todos falar ao mesmo tempo. Como falavam em altas vozes, Maurício de fora do pátio pôde ouvir tudo e ficar inteirado de todo o ocorrido.

— Isto não é senão obra desses malvados paulistas, — bradavam quase todos; — e não pode ser outro senão o

Calixto, que a muito tinha sede do sangue deste infeliz, e o tinha jurado por amor da filha do ferreiro.

— Tal e qual, senhor capitão-mor, o Minhoto não tinha aqui indisposição com ninguém mais; era um bom homem, que a ninguém fazia mal; é o Calixto; não pode ser outro.

— Pois bem, — gritou o capitão-mor, — vão depressa à casa do Calixto, e tragam-no já aqui amarrado à minha presença, e bem assim todos os paulistas, bugres ou pessoas suspeitas, que encontrarem por aí vagando.

Imediatamente uma numerosa troça de portugueses entre ameaçadoras vociferações se pôs em marcha para a casa de mestre Bueno. Maurício calculou, que àquelas horas Bueno e Calixto deveriam estar ao menos em caminho para a gruta; mas não tinha disso certeza. Em qualquer das contingências o caso era grave. A ausência deles a tais desoras seria um indício altamente comprometedor para eles e para todos os paulistas. A presença porém ainda mais funesta seria, porque iria entregar ao furor e perseguição dos emboabas aqueles dois prestimosos e valentes companheiros, e em todo caso aquele fatal incidente poderia gorar a revolta com grande dano para seus patrícios. Compreendendo tudo isto Maurício entendeu que lhe cumpria antes de tudo procurar salvar seus dois amigos das garras dos portugueses para depois pensar no que conviria fazer.

A pé como se achava bota-se a caminho, e chega muito antes do que os emboabas à casa de mestre Bueno, onde felizmente já ninguém encontrou. Lembrando-se que também poderia ser procurado para averiguações, e que se não fosse encontrado em casa despertaria também graves suspeitas contra si, voltou com mais celeridade ainda do que tinha ido, desviou-se e escondeu-se cautelosamente dos emboabas, que iam em diligência subindo a encosta, e em menos de um quarto de hora achou-se em casa. Felizmente nem o capitão-mor, nem Fernando se lembraram de chamar a ele, nem o Gil, que também não encontrariam em casa, ficando para o dia seguinte a continuação das averiguações por ir a noite muito adiantada.

Já passava muito de meia-noite; Maurício, vivamente preocupado com a idéia daquele incidente e extenuado de fadigas e emoções, ia lançar-se no leito, quando lembrou-se de Antônio, que lá deixara na gruta exposto por amor dele aos punhais, zagaias e flechas de uma turma feroz e desconfiada, e estremeceu ao pensar, que talvez já fosse tarde, amaldiçoando a fatal ocorrência do assassínio do emboaba, que ainda mais arriscada vinha tornar a já tão crítica e melindrosa situação dos insurgentes.

Já se tinham esvaecido todos os rumores, as portas se haviam fechado, e tudo parecia adormecido em profundo silêncio. Maurício ocorreu à cavalhariça, arreou à pressa o seu melhor animal, e depois de ter saído lenta e cautelosamente da povoação, meteu esporas ao cavalo e partiu a bom galopar em direção à gruta de Irabussu.

Capítulo XV

O tição fatídico

Enquanto estes fatos, de que viemos de dar conta, se passavam na povoação, sucessos não menos importantes se davam na gruta de Irabussu.

À hora, em que Maurício era distraído violentamente da sua entrevista com Leonor pelos rumores do assassinato do Minhoto, os insurgentes, já reunidos em grande número, uns sentados em roda do fogo, outros movendo- se e conversando misteriosamente pelos recantos da caverna escassamente alumiados, esperavam com impaciência a vinda de Maurício, e de Gil, seu chefe, que ainda não tinham aparecido.

Estendido sobre um grande pedaço de estalagmita a alguns passos da fogueira, fazendo travesseiro de um dos braços e com o rosto voltado para o fogo, Antônio dormia tranqüila e profundamente. O clarão da fogueira aluminava-lhe as faces bronzeadas e os musculosos membros, que se desenhavam em linhas vivas e harmoniosas sobre a rocha branquicenta; dir-se-ia estátua de lavor admirável, moldada em bronze e servindo de ornato a um catafalco de mármore. Junto dele um negro e um bugre, sentados no chão um do lado dos pés, outro da cabeceira, o cotovelo firmado sobre a pedra, que servia de leito ao prisioneiro, e a cabeça encostada à palma da mão, formavam com Antônio o mais pitoresco e curioso grupo escultural. Estavam encarregados de guardar Antônio com a maior vigilância a fim de estorvar-lhe qualquer tentativa de fuga. Se conhecessem bem o caboclo, se soubessem a que ponto chegava sua dedicação e lealdade, e a confiança fanática, que depositava em seu patrão, ter-se-iam forrado a tantas vigílias e precauções.

111

— Com mil diabos!... que demora! — diziam os insurgentes impacientados. — Isto ainda nos põe a perder; e se nos acontecer algum transtorno, a culpa, já se sabe, é de Gil, ou desse tal senhor Maurício, que só serve para nos atrapalhar. Não sei que mais esperam.

— Com Maurício ninguém deve contar; a filha do capitão-mor o traz pelo beiço, e muito será, que ele nos não entregue...

— Não digas isso!... pois ele será capaz de deixar morrer esse pobre bugre, que por ele dá a cabeça?...

— Eu sei, lá, homem!... o amor é mais forte que a amizade, e portanto não é de admirar que ele cá não venha.

— Vem, — afirmou um paulista no tom da mais firme convicção; — Maurício é incapaz de uma traição; e não vindo ele seria duas vezes traidor, traidor à amizade, traidor a seus patrícios.

— E vindo, — replicou outro, — também será duas vezes traidor; atraiçoa a amizade do capitão-mor, que foi quem o fez gente, e ao amor, que tem à sua filha. Traição por traição é bem possível que antes queira atraiçoar a nós.

— Com efeito!... vejam em que talas está metido o pobre homem!... não tem por onde se mexer...

— Talvez ache meio de safar-se sem trair a um nem a outros; não o julgo capaz de uma infâmia.

— Venha ou não venha, o certo é que não podemos contar com ele; mas o Gil... não sei por que tanto se demora... mas ei-lo que chega!... ainda bem!... já não nos falta tudo.

— Já não nos falta nada, deverias dizer.

De feito Gil vinha entrando na gruta. Sua presença foi saudada com demonstrações de prazer e entusiasmo por aqueles infelizes, que suspiravam pelo momento de libertarem-se da bárbara opressão que os esmagava. Gil, vítima não menos perseguida e maltratada do que eles, jovem cheio de franqueza e lealdade, de altivez e resolução, inspirava-lhes a mais decidida confiança.

112

O primeiro cuidado de Gil foi perguntar por Maurício. Sabendo que ainda não era chegado anuveou-se-lhe a fronte e tornou-se pensativo. Antes de sair do povoado para dirigir-se à gruta tinha ido a casa de Maurício justamente ao tempo em que este galgava a serra do Lenheiro para dar aviso a Bueno e Calixto do que se passava. Gil, que ignorava ainda a terrível ocorrência dessa noite, não achando em casa o seu amigo, supôs mui naturalmente que já teria partido para a gruta, e para lá botou-se também com toda a presteza. Pode-se imaginar qual não seria a sua inquietação e ansiedade não o encontrando ali. Tinha plena e íntima convicção de que Maurício era incapaz de uma traição; mas a sua ausência incutia-lhe as mais graves apreensões pensando em mil funestas eventualidades, que poderiam motivar aquela falta. Não estando em casa, não se achando com Calixto ou Bueno, que ali estavam presentes, onde poderia ele achar-se? não era possível ter-se transviado ele que melhor que ninguém conhecia não o caminho, que nenhum havia, mas a direção da gruta. Inquieto e altamente contrariado, Gil estava a ponto de sair de novo, em procura do amigo; mas não o consentiram os companheiros, a quem o ar sombrio de Gil começava a inspirar graves desconfianças por conta de Maurício.

— Passamos bem sem ele, — diziam, — um homem assim também, quando não seja um perigo, é sempre um estorvo em empresas desta ordem.

— E se nos atraiçoar? — dizia outro.

— Nunca o fará; eu o juro por minha alma, — replicou Gil com vivacidade.

— E se o fizer, tanto pior para ele; a vida lhe há de custar. Tenho pena é desse caboclo, que ali está a dormir tão sossegado, coitado! e nem sabe quanto a cabeça lhe está mal segura sobre os ombros.

— É mais um penhor seguro, — insistiu Gil, — de que Maurício mais tarde ou mais cedo aqui se achará conosco, salvo se alguma fatalidade...

O diálogo é neste momento interrompido pelo súbito e quase maravilhoso aparecimento de um vultozinho ligeiro, franzino e leve como um sagüi, que saltou no meio deles como por encanto sem se ver donde viera, nem por onde havia entrado.

Vinha extravagantemente trajado com roupa listrada de cores vivas e carapuça vermelha.

— Virgem santa!... que é isto! — exclamavam recuando espavoridos. — É o capeta! — cruz!... credo!... ave Maria!

E todos aterrados pensaram ver um duende, ou o filho de Satanás em pessoa surgindo no meio deles.

— Não se assustem; sou eu, — gritou o vulto fazendo uma pirueta e dando uma gargalhada — pois não conhecem o Tiago?...

— Fora! fora este maroto! — bradaram alguns, — quem te chamou aqui, malandro?...

— Fora não, — replicaram outros. — Acabemos com ele; se sair daqui, este patife é bem capaz de nos ir entregar.

Antes de prosseguirmos, digamos por que maneira o mameluco tinha vindo à gruta, e quais suas intenções . Esse diabrete, que em tudo se metia imperceptivelmente como piolho por costuras, com o seu tino e perspicácia diabólica tinha cismado, como já dissemos, que se tramava uma sublevação, e comunicara a Fernando suas desconfianças. Instigado pela natural malvadeza e também pelas promessas do amo, assentou de seguir os vestígios da conspiração a fim de descobri-la à toda luz, e entendeu que o verdadeiro meio para isso era procurar tomar parte nela.

Uma vez conseguido isto fácil lhe seria atraiçoar uma ou outra parte, ou a ambas. Como tinha cabimento em todas as casas o velhaquete, assim como lisonjeava todas as paixões de seus amos, simulando por eles a mais submissa e afetuosa dedicação, entre os paulistas aplaudia-os e instigava-os em seus ressentimentos, mostrando-se um dos mais encarniçados inimigos dos emboabas, no que não mentia, pois o diabrete parecia odiar todo o gênero humano.

114

Para dar começo a seus planos foi ter com mestre Bueno, com quem tinha relações antigas, e deu-se por sabedor de tudo. Com desmarcado atilamento, e com instinto quase divinatório e, como se costuma dizer, plantando verde para colher maduro, mostrou que estava ao fato de quase tudo, que se tramava.

Bueno, que conhecia o mameluco desde São Paulo, e nunca se iludira a respeito de sua índole treda e perversa, ficou surpreendido e inquieto ao último ponto com as declarações do rapaz.

— E como soubeste disso tudo?... perguntou-lhe com desconfiança.

O velhaquete deu-lhe a mesma resposta, que já havia dado a Fernando:

— Tenho aqui um dedinho, que me conta tudo. Mas não se assuste, meu velho; sou eu só quem sei, eu só e mais ninguém, e juro-lhe, que me arrancarão antes a língua do que uma só palavra a tal respeito.

— Olha que te matamos, se fizeres alguma tratantada!...

— Como hei de fazê-la, se eu quero também ser da partida, e é para isso que o vim procurar?...

— Ah!... tu queres ser dos nossos!... umh! — resmungou o velho; — não sei!... que mal te fizeram teus amos para seres contra eles?... olha, que os queremos matar a todos um por um.

— Tal é também meu desejo; tenho sede do sangue dessa canalha. Vm. não faz idéia do quanto me fazem sofrer; se eu fosse lhe contar agora seria um nunca acabar... mais tarde lhe contarei tudo;... mas diga-me, aceitam-me ou não? olhem, que posso ajudá-los mais do que ninguém.

— Disso estou eu certo; és o macaco mais ardiloso, que conheço.

— Pois então?

— Pois então... não sei o que te diga.

115

— Como não sabe?!... não está tudo pronto?... mais um companheiro que mal faz?...

— Eu sei lá, rapaz; bem vejo que só a ferro é que se pode levar essa canalha, que nos quer por o pé no pescoço; mas por ora não sei de nada; vai-te com Deus!

— Não sabe!... mas se eu lhe digo, que sei de tudo.

— De que sabes, maldito?... bradou Bueno perdendo a calma.

— Ora de que sei!... já não lhe disse?... Vossemecês, seja lá onde for, se ajuntam todas as noites, e decerto não é para nenhum folguedo. Se vossemecê não quer ser da partida, eu cá hei de ser por força.

— Infame! — ia bradar o ferreiro com o punho fechado sobre a cabeça do mameluco; mas reportou-se a tempo, calou-se e ficou pensativo. Depois de refletir alguns instantes convenceu-se que não havia remédio senão admitir aquele novo adepto na sublevação, que projetavam. Era um sócio na verdade, mas como recusá-lo, se de tudo estava informado e tinha-se iniciado a si mesmo?...

Tiago ficou pois inteirado da existência de um plano de revolta contra os emboabas, ou antes suas suspeitas tornaram-se certeza; só lhe faltava saber o lugar, onde se reuniam os insurgentes. Bueno não lho quis revelar, mas o matreiro caboclo jurou consigo que havia de descobri-lo. A poder de espionar fora de horas, e de acompanhar invisível, como um silfo noturno, os vultos, que via, na noite do mesmo dia, em que estivera com Bueno, soube da existência e do caminho da caverna de Irabussu. No dia seguinte lá foi de novo examiná-la melhor à luz do sol por fora e em derredor, não ousando entrar por ter ouvido uns sons como de voz humana no interior. Depois flanqueando o morro, em cuja base se abre a gruta, galgou-lhe o tope, e penetrando no mato, que lhe cobre o cimo, aí examinou tudo com minucioso cuidado. Viu as frestas, que se abriam na cúpula, notou as grossas raízes, que árvores gigantescas embebiam

116

pelas fendas dos rochedos, e que estendendo-se de alto a baixo pelo vão da abóbada como as cordagens de um navio vinham cravar-se no chão úmido da gruta a beber o suco, com que alimentavam por cima de áridas rochas calcáreas a mais viçosa e robusta vegetação. Empoleirando-se em um friso dessas broncas clarabóias, que se abriam no cimo da cúpula e derramavam no interior uma frouxa luz crepuscular, agarrando-se às raízes e aos cipós e suspenso a vinte metros acima do chão não sem grande perigo pôde examinar a gruta e formar uma tal ou qual idéia de seu interior, e o que mais é, pôde bruxulear e reconhecer naquela pavorosa penumbra alguns dos vultos, que lá se achavam, e ouvir-lhes as falas, pois falavam alto e bom som na crença, *em que estavam, de que era,* impossível que algum ser humano os pudesse ver ou ouvir.

Ali conservou-se largo tempo a espreitar e escutar; pelas conversas, que ouviu posto que mal e confusamente, e pelo que já sabia e desconfiava ficou plenamente informado de todos os segredos da sublevação. Tinha conhecido perfeitamente não tanto a figura, como a voz de Calixto, de Bueno e outros paulistas, que depois do assassinato do Minhoto ali se conservavam noite e dia sem ousar voltar à povoação. Conheceu também a Antônio e depreendeu de várias falas os motivos especiais, por que Antônio ali se achava detido, a desconfiança, que havia contra Maurício, e várias outras particularidades. E assim ali ficou o perverso diabrete durante toda a tarde e um bom pedaço da noite espiando e escutando para melhor inteirar-se de tudo até o momento, em que o vimos, escorregando por uma das raízes, que se prendiam à cúpula da caverna, pular entre os insurgentes com toda a audácia e seguridade, de quem tinha entre as mãos a sorte deles.

— Se soubessem o motivo, que aqui me traz, — respondeu ele às ameaças dos insurgentes, — em vez de me tocarem e quererem me matar, haviam de cair a meus pés de joelhos para me agradecer. Mas se quiserem, matem-me, e verão o resto.

— Isto é um velhaco, um embusteiro de primeira força, que virá enredar-nos a nós todos. Nada de ouvi-lo; a melhor cousa, que podemos fazer, é enforcá-lo neste instante.

— Não, não, — gritou Bueno; — melhor é deixarem-no falar; quem sabe o que será.

— Se me dão licença antes de me matarem quero dar-lhes um aviso da maior importância.

— Qual é?... qual é?... perguntaram todos no auge da ansiedade.

— Pois saibam todos que aqui se acham presentes, que estão sendo atraiçoados, — disse pausadamente o mameluco.

— Atraiçoados!... tu mentes, mameluco!...

— É tão verdade como o estar eu agora aqui, — insistiu com firmeza o caboclo. — O capitão-mor e Fernando, se ainda não sabem de tudo com certeza, pelo menos têm notícia deste levante, e sabem muito bem quais são os cabeças.

— E qual será o denunciante?... não sabes?... qual o vil, que nos atraiçoa?...

— Ora quem é?... pois ainda perguntam!?...

— Quem é?... fala depressa, maldito!...

— Um, que é carne e unha com aquele, que ali está a dormir, — respondeu o mameluco apontando para Antônio, que apesar de toda a algazarra continuava a ressonar tranqüilamente em cima de sua pedra.

— Mentes, bradou Gil, — Maurício nunca nos trairá!...

— Verão os que tiverem olhos para ver, — respondeu com firmeza o mameluco.

— Morra o traidor!... morra!... vociferou uma multidão de vozes.

— Mas onde achá-lo agora?... quem tem de pagar por ele é esse bugre, que ali está a dormir. Bem-feito!... quem se sacrifica por um traidor, é tão bom como ele.

— Pois morra o bugre!... tão boa é a corda como a caçamba. Pague-nos o criado, enquanto não ajustamos conta com o patrão.

118

— Companheiro, acorda! — bradou um dos sinistros vultos, que se achavam de sentinela a Antônio, sacudindo-lhe o braço.

— Que é isso lá, minha gente? — murmurou Antônio erguendo-se sobre o cotovelo depois de esfregar os olhos, e passeando em derredor de si as vistas turvadas pelos vapores do sono. — Que é do patrão?... não veio ainda?...

— Ainda não, e é por isso mesmo, que te acordamos; mas é por pouco tempo, meu bugre, por que vais breve pegar em um sono, de que nunca mais acordarás.

— O que há de novo então, gente? — tornou Antônio a perguntar já um pouco abalado com a vista de uma porção de facas e punhais, que em torno dele brandiam-se ameaçadores entre imprecações e gritos de morra!...

— O que há de novo, — replicou um, com uma das mãos agarrando-lhe o braço, e tendo na outra alçado um punhal; — o que há de novo é que teu amigo atraiçoou-nos, e é hora de morreres. Mas não te dê isso pena, porque te juramos, que ele em breve se achará em tua companhia nas caldeiras de Satanás.

— Meu amo traidor!... quem lhes contou isso?...

— Ei-lo aqui está!... não conheces Tiago?...

— Tiago!... oh? se conheço; isso é o maior embusteiro e mentiroso, que o sol cobre; já se sabe que é mentira.

— Olhem, quem se atreve a desmentir-me!... — exclamou o mameluco cada vez mais audacioso. — cala-te, bugre de uma figa; não sabes o que dizes... É mentira?!... e como é que eu, que não tenho mancomunado com nenhum de vossemecês, já sei de quase tudo?!... não é verdade, mestre Bueno?...

— É verdade!... infelizmente é verdade, — respondeu o velho ferreiro com voz lúgubre e pesada.

— E alguém dos que aqui estão, — continuou o mameluco, — contou-me cousa alguma?... respondam.

— Ninguém! ninguém!... eu não! nem eu! nem eu! — responderam uma multidão de vozes.

119

— Então foi Maurício quem te contou?...

— Não decerto, mas pior ainda; mas alguém que ouviu da boca dele, e encarregou-me de espiar-vos; mas eu...

— Quem foi? quem foi?... fala de uma vez.

— Quem mais senão o senhor Fernando!...

— Morra! morra o traidor! — foi este o brado, que retumbou horrísono pelas broncas abóbadas da caverna.

— É Antônio quem deve morrer, — exclamou o índio levantando-se calma e solenemente do seu leito de pedra; — e ele morre de coração alegre, por que morre por seu patrão. Mas mesmo assim com a morte diante dos olhos Antônio jura por essa cruz de Cristo, que Maurício não é traidor.

Dizendo isto o índio beijava um pequeno crucifixo de prata que sempre trazia pendente ao pescoço.

Gil não podia ficar aquém da generosa dedicação do selvagem, e penetrado da mais íntima convicção também jurou por sua cabeça, que Maurício era incapaz de atraiçoá-los. Os outros, porém, à exceção de um pequeno número de paulistas, que conhecendo mais de perto Maurício, sabiam a que ponto chegava a nobreza e lealdade de seu coração, não puderam deixar de dar crédito aos veementes indícios e às fatais revelações, que o condenavam. — Morram os traidores tanto o escravo como o senhor! — era o grito, que irrompia de quase lodos os lábios.

— Matem-me — bradava Antônio dominando com a voz toda aquela infernal celeuma. —Matem-me, já disse; morro satisfeito por meu patrão; mas antes de morrer sempre lhes quero dar um derradeiro aviso. Não se fiem nesse perverso mameluco. Se o não querem matar, prendam-no, amarrem-no bem, e não o deixem sair mais daqui. Quem desconfia de Maurício e de Antônio, pode ter confiança nesse infame embusteiro, que aí está?...

— Antônio fala com acerto, — disse Bueno folgando por achar um meio de livrarem-se daquela perigosa criaturinha, que tanto o incomodava.— Agarremos este velhaquete; eu bem o conheço. Seja embora verdade o que ele nos diz, não devemos nos fiar nele.

— Decerto, e o melhor meio de nos vermos livres dele, é matá-lo e já, antes que nos escape.

Quando porém todos o procuravam com os olhos, o veloz e esguio columim já se tinha esgueirado e sumido como uma sombra. Em vão o procuraram pelos recantos da caverna; não foi possível encontrar aquele silfo aéreo e veloz como o vento.

— Ah!... mais um traidor, que nos escapa, — exclamou o negro que estava de sentinela a Antônio. — Acabemos com este, que aqui está antes que também nos escorregue das mãos!...

— Morra! morra! — responderam muitas vozes, e ao mesmo tempo alguns punhais fuzilaram sobre a cabeça de Antônio.

— É cedo ainda, — gritou Gil arrojando-se por entre a turba e amparando Antônio com seu corpo a fazia recuar com um gesto enérgico e imperioso. — daqui ao romper do dia temos muito tempo; esperemos ainda.

— Pois esperemos, meu branco, — replicou o negro acomodando-se; — esperemos; mas olhe bem, — acrescentou atirando ao fogo um grosso toro de lenha; — é só enquanto esse pau acaba de arder... esse pau é a nossa paciência, que deve ter um fim. Se quando ele ficar em borralho, Maurício não chega, Antônio morre.

— Pois seja assim, — murmurou Gil.

— Seja assim, — concordaram todos.

— Deixemos o tição arder, — disse Antônio, e recostando-se tranqüilamente sobre seu leito de pedra de novo adormeceu, enquanto todos com ansiosa curiosidade tinham os olhos fitos no tição, que se consumia crepitando com fatal celeridade.

121

Capítulo XVI

Entusiasmo e confiança

Ao sair da gruta Tiago deixara Antônio sob a ameaça de mais de vinte punhais, que se brandiam furiosos por cima da cabeça do infeliz caboclo, e contava como certo que cairia vítima daqueles selvagens. Ora cumpre saber que o mameluco, além do ódio, que votava ao gênero humano em geral, guardava para Antônio um quinhão um pouco mais avultado. Provinha isto principalmente de um fato muito recente, cujo resultado ainda lhe doía nos costados. Tiago também se agradara da gentil e interessante Judaíba, e um dia, em que se metera a engraçado junto dela tendo até o atrevimento de dar-lhe um beijo por surpresa, Antônio, a quem a índia já tinha avisado de suas más intenções, teve a fortuna de pilhá-lo em flagrante, e ali mesmo aos olhos de Judaíba, antes que ninguém pudesse acudi-lo, passou-lhe uma boa sova de chicotadas, socos e bofetada. Pode-se ajuizar quanto seria violento o ódio do mameluco assanhado pelo incentivo da vingança. Dissimulou seu ressentimento aguardando o primeiro ensejo favorável para vingar-se dando-lhe cabo da vida. Sabedor das circunstâncias particulares por que o índio era retido na gruta, usou do pérfido ardil, que o vimos empregar para sacrificá-lo. Com esse ardil também imolava Maurício, a quem igualmente votava profundo rancor em razão da altivez e desprezo com que sempre o tratara por conhecer-lhe a índole perversa e abjeta.

Por outro lado Tiago, que nenhuma afeição nem benevolência sentia pelo capitão-mor nem por pessoa alguma de sua família, votava a Fernando ódio entranhável não só pela aversão natural, que todo o escravo, mesmo o de boa índole, tem a seu senhor, como porque Fernando, senhor tão imprudente como desumano, ao passo que lhe dava excessivas confianças e toda liberdade, não deixava também de azorragá-lo cruelmente pela mais leve falta. Portanto o mameluco folgaria infinitamente, se o visse cair trespassado aos golpes dos revoltosos, embora com ele tivesse de ver sucumbir também o capitão-mor, sua família e todos os emboabas. Assim para saciar seus instintos perversos convinha-lhe atraiçoar a uns e a outros, mas de um modo incompleto, de sorte que pudessem vir às mãos e degolarem-se uns aos outros com todo furor. Só assim seu espírito satânico poderia exultar e tripudiar entre o sangue e as lágrimas alheias.

Dadas estas explicações, voltemos à gruta, onde deixamos ardendo o tição fatídico, que devia decidir da sorte de Antônio e de Maurício. Gil, Bueno, Calixto e mais alguns paulistas, que se interessavam pelos dois, e não podiam ainda acreditar na deslealdade de Maurício, tinham os olhos pregados naquele lenho sinistro notando com angustiosa ansiedade os estragos da chama inexorável, que o devorava com terrível presteza. Só desviavam dele os olhos de quando em quando para dirigi-los à entrada da gruta a ver se nela assomava o vulto do amigo. Todos os mais insurgentes em inquieta expectação vinham também de quando em quando examinar o tição. Mudos, ou murmurando apenas em voz baixa estavam diante daquela acha de lenha, como diante de formidável pitonisa, que acabavam de consultar, e que sentada sobre a trípode rodeada de chamas ia em breve proferir a sentença, que decidiria da sorte de dois homens.

Já cerca de uma hora tinha-se escoado; do tição só restava uma pequena extremidade, e Maurício não aparecia. Nunca para Gil o tempo volveu-se com tamanha rapidez. Inquieto e agitado saía às vezes de junto do fogo, e se dirigia à porta da gruta, olhava, espiava, escutava através da escuridão e silêncio da noite, e daí a instantes voltava de novo torvo e abatido para junto do fogo a contemplar os progressos da chama no maldito tição. Já se arrependia e maldizia-se pela facilidade, com que havia consentido no prazo fatal proposto pelo negro. Do tição já não restava senão um toco abraseado a desfazer-se em cinzas. Mais alguns minutos, e Antônio ia cair aos golpes daqueles sicários, e Maurício estava para sempre perdido. Enfim uma brasa incinerada e mortiça era o único resto daquele lenho a luzir como o débil fulgor de uma esperança prestes a esvaecer, ou como o olhar embaciado e frouxo do agonizante. Os punhais e as zagaias já lampejavam ameaçadores em redor do pobre caboclo adormecido.

— Acorda, camarada! — bradou o negro. — Não quero que morras dormindo; era o mesmo que continuar a dormir.

— Ainda não, — gritou Gil colocando-se de um salto junto de Antônio. — Um momento ainda; um momento só!... olhem ainda resta uma faísca: deixemo-la apagar-se.

O ouvido de Gil sempre atilado e alerta tinha percebido ao longe um rumor surdo como o tropear de um cavalo a galope. Esse rumor, do qual até ali só ele se apercebera, ia-se avizinhando e tornando mais distinto, ao mesmo tempo que a fisionomia de Gil até ali torva e sombria ia se reanimando e expandindo, como o céu gradualmente se ilumina às aproximações do dia.

— É ele!... não ouvem? ei-lo que chega! — exclamou Gil com a mais entusiástica e jubilosa emoção...

Todos os olhos voltaram-se imediatamente para a entrada da gruta, onde um momento depois assomou a figura de Maurício, que entrava a passos precipitados.

— Eis-me aqui, camaradas! — exclamou ele desembuçando o capote e lançando-o sobre uma pedra. — Antônio, Gil, Bueno, eis-me aqui, meus bravos amigos!...

— Qual o motivo por que tanto te demoraste! — perguntou Gil. — Ah! Maurício! Maurício! tua demora nos ia sendo fatal!...

— Oh! perdão Gil; não foi por culpa minha... um triste acontecimento me forçou a demorar... Saibam que o Minhoto foi assassinado, e...

— Disso bem sabemos nós, — replicou o negro.

— Como assim? — perguntou Maurício.

— Fomos nós, que o matamos.

— Deveras!... pois fizeram mal!... foi uma imprudência, que nos vai criar novas dificuldades; devemos acabar com eles todos de um só golpe.

— Mas que remédio tínhamos nós senão alinhavá-lo, meu branco? Ele veio descobrir nossa toca, e ia nos entregar ao capitão-mor.

Realmente o Minhoto tendo saído a caçar, como já sabemos, com mais alguns companheiros dirigiram-se para o lado da gruta até às margens de Rio d'Elvas, pequeno afluente do Rio das Mortes, que passa a pouca distância dela. Tendo lançado os cães ao mato aconteceu saltar um veado na espera, onde o Minhoto se achava sozinho. Este atirou e errou; com o estrondo do tiro seu cavalo, que estava atado a um arbusto, espantou-se, quebrou as rédeas, e deitou a fugir. O Minhoto pôs-se a correr por muito tempo debalde atrás dele, passou córregos, varou capões, transpôs morros, sem nunca poder apanhar o maldito cavalo, que sem correr muito contudo não permitia pôr-se-lhe a mão. Enfim completamente desorientado e morto de fadiga o perdeu de vista, e andou vagando à toa, até que por uma fatal casualidade foi parar à entrada da grande gruta; contemplou-a por algum tempo cheio de assombro e terror. Aplicou o ouvido, e como ouvisse lá por dentro um como rumor de vozes humanas, amedrontado como se achava, voltou-lhe as costas e desatou a correr fugindo daquele antro pavoroso.

Desgraçadamente para o Minhoto nesse momento vinha saindo da caverna um dos insurgentes, que ali estavam de guarda e quis a má estrela do Minhoto, que fosse o seu próprio escravo, o negro mina Joaquim. Apenas divisou

125

aquele vulto que fugia, o negro levou os dedos à boca, e soltou um assovio estridente. Imediatamente acudiram mais alguns companheiros. Correram atrás dele, agarraram-no, cozeram-no a facadas, sem ao menos darem tempo ao mísero de implorar compaixão, foi obra de poucos momentos. Nem podia ser por menos, que era essa a ordem expressa e terminante, que haviam recebido de seus chefes. Qualquer pessoa suspeita ou mesmo estranha à insurreição, que caísse na desgraça de aparecer pelas vizinhanças da gruta, devia sofrer imediata execução.

O negro Joaquim, na feroz sofreguidão, com que se atirou àquele ato de vandalismo, só reconheceu seu senhor, quando este trespassado de uma infinidade de golpes exalava o último suspiro.

— Ah! era Vm. meu senhor!... — exclamou ele com mostras de grande pesar. — Se eu soubesse, não o teria matado tão depressa... queria perguntar-lhe certas cousas... mas... o feito está feito!...

Depois de conferenciarem um momento entre si os assassinos tomaram o cadáver aos ombros, e o foram lançar em lugar o mais afastado possível e bem patente, para que o achassem logo, e não fossem à força procurá-lo descobrir o seu misterioso refúgio. Feito o que, deram pressa em recolher-se.

De feito meia hora depois aí o foram encontrar os companheiros, e conduziram à povoação pela maneira que sabemos.

Inteirado Mauricio deste sucesso explicou também em poucas palavras, como o assassinato do Minhoto o tinha impedido de comparecer na hora aprazada; esta explicação acabou de desvanecer completamente todas as desconfianças dos insurgentes.

— Agora, meus camaradas, — terminou ele, — estou inteiramente à sua disposição. Só vos peço um dia, o dia de amanhã até a meia noite. É preciso tomar ainda certas medidas para sermos bem sucedidos nesta nossa arrojada empresa. Daí em diante não sairei mais daqui; minha morada será esta caverna, e dela não sairemos senão para lavarmos todas as nossas injúrias e afrontas no sangue de nossos opressores. Não sei por que razão meus amigos desconfiaram de mim. Tenho talvez cem vezes mais razão do que todos, que aqui se acham, para odiar do fundo dalma essa gente maldita, que nos quer esmagar. Eles me têm feito gemer com o coração torturado entre mil angústias, e com as faces ardentes dos mais infamantes ultrajes. Ninguém, eu vos juro, ninguém tem mais sede do que eu, do sangue de nossos perseguidores.

Esta linguagem fogosa acabou de extinguir naqueles ânimos grosseiros e fanáticos, tão fáceis do inflamar-se em ódio e desconfiança, como em entusiasmo e dedicação, o último resquício de indisposição, que porventura ainda sentiam contra Maurício. Antônio cheio de júbilo e exaltação saltou ao colo de seu amo.

— Bravo!... muito bem, meu amo! exclamava; e voltando-se com ar triunfante para os insurgentes, que o rodeavam:

— Então?! — lhes dizia na embriaguês de um nobre e íntimo prazer; — queriam me matar, corja de loucos!... não lhes dizia eu, que meu amo, que aqui está em meus braços, — estão vendo agora bem?... que meu amo... era mais fácil o dia tornar-se noite, do que ele atraiçoar-nos...

Todos os que eram hostis a Maurício e a Antônio, não excluindo o negro sentinela, que tão desapiedado se mostrara contra eles, foram se lançar aos pés deles pedindo-lhes perdão.

Gil, lembrando-se do que havia conchavado com seu amigo, aproveitando-se daquelas boas disposições, levantou sua voz sempre respeitada.

— Camaradas!... Maurício já aqui está conosco. É o melhor desmentido, que se pode dar àqueles, que ainda ousaram julgá-lo desleal e traidor. Entretanto ele corre mais perigo do que qualquer de nós, e é o alvo principal das iras dos emboabas, e nenhum de nós deseja mais do que ele sacudir o jugo desta canalha de além-mar, que nos quer tratar como escravos. Até aqui tenho sido vosso cabeça na falta de Maurício, que não podia estar sempre conosco; agora ele deve ser nosso comandante, porque ele conhece melhor do que nós a povoação e o inimigo, que temos de atacar, e tem muito mais juízo, prudência e habilidade do que eu, e portanto proponho Maurício para nosso chefe; aceitam?...

— Aceitamos! aceitamos! — bradaram todos. — Viva Maurício!... Viva! Viva!...

Passado aquele momento de exaltação e entusiasmo, Maurício disse aos insurgentes:

— Meus amigos, a noite já vai muito adiantada; por hoje nada mais podemos fazer... é preciso que nos dispersemos... Amanhã sem falta à meia-noite aqui me acharei.

Capítulo XVII

Invencível obstinação

No dia seguinte o arraial amanheceu em extraordinária agitação. O assassinato do Minhoto tinha enchido de pavor, consternação e sobressalto todos os emboabas. Receavam que fosse o prelúdio de mais matança, e os mais considerados e ricos de entre eles, apenas despontou o sol, se dirigiam à casa do capitão-mor, reclamando providências enérgicas e medidas de segurança, que pusessem suas vidas e propriedades ao abrigo de tão audaciosos e ferozes inimigos.

Por seu lado o capitão-mor também andava em contínuo movimento dando ordens e ativando diligências a fim de descobrir o autor ou autores da morte do Minhoto. Ia-se instaurar uma imensa devassa e fazerem-se as mais minuciosas pesquisas. Nenhum trabalhador livre ou escravo, nenhum paulista ou emboaba, de quem se pudesse esperar qualquer informação, pôde nesse dia ir ao serviço; todos foram intimados para a devassa. Na varanda e no pátio do edifício formigava gente de toda a qualidade. Via-se a figura do capitão-mor respeitável e simpática vociferando e dando ordens, entrando e saindo.

Só Fernando parecia calmo e satisfeito no meio do geral rebuliço e inquietação. Sentia de feito dentro dalma íntimo regozijo, que procurava dissimular com certo ar sombrio e preocupado. As cousas tocavam ao ponto, em que desejava vê-las. Que um levante se tramava era para ele cousa fora de toda a dúvida; os sintomas eram evidentes; o mameluco já o havia denunciado em parte, e a morte do Minhoto era por certo o prelúdio de atentados em maior escala. Mas ar-

129

rogante e fanfarrão como era contava abafar com um grito a insurreição, e esmagar os revoltosos, cuja sorte julgava ter já fechada nas mãos. Todavia, para salvar aparências, não deixava de aprovar as medidas de cautela e segurança, que o capitão-mor ia tomando; mas por meios indiretos; — sempre fôra esta sua linha de conduta, — longe de procurar prevenir qualquer insurreição, se esforçava por provocá-la; folgaria que ela se manifestasse por atos bem claros e positivos. Só assim poderia lançar a garra sobre a principal vítima, que queria imolar, e feri-la sem piedade.

O assassinato do Minhoto abriu-lhe a porta para atos da mais violenta e brutal perseguição. Os paulistas aterrados trataram em grande parte de esconder-se. Os que o não puderam fazer, homens e mulheres, foram agarrados, sujeitos a bolos, açoites e torturas para confessarem quem matara o Minhoto, se havia plano de revolta, e declararem quais os seus cabeças.

Maurício, Gil e Antônio não podiam deixar de ser inquiridos. O capitão-mor deu ordem a Fernando, que mandasse trazê-los à sua presença.

— Para que fim? — perguntou Fernando.

— Que pergunta! — replicou crespamente o capitão-mor; — para dizerem o que sabem, está visto; e se também forem traidores, ai deles!...

— Pois também, Maurício, — disse Fernando com acento da mais transparente ironia, — o vosso fiel e dedicado Maurício pode incorrer em suspeitas?...

— Se nos é fiel, muito serviço nos poderá prestar na presente conjuntura; se não é, talvez também já se tenha posto ao fresco, ou facilmente se trairá...

— É escusado mandar chamá-los, — atalhou Fernando incivilmente; — ou não serão encontrados, por que andam tratando de seus *negócios,* — Fernando sublinhou esta palavra com certa inflexão irônica, — ou se aqui comparecerem, será para vos embair de novo, como vos têm embaído até hoje. Demais, senhor capitão-mor, se os paulistas andam forjando uma revolta, quais podem ser os cabeças?...

— Que provas tem disso, Fernando?... queres que eu creia tão de leve em tão abominável aleive?...

— As provas não tardarão a aparecer do modo o mais patente e à luz do sol. Em vez de os inquirir, melhor seria agarrá-los desde já e trancá-los na masmorra; mas...

— Mas o que, Fernando?...

— Mas é melhor esperar, que arrojem de todo a máscara, com que até aqui se têm disfarçado em amigos.

— Não; melhor é prevenir o mal. Presos e castigados os chefes, os outros se submeterão...

— Mas prender e castigar a quem, e por que? Se ainda nenhuma prova positiva temos nem mesmo da existência de um plano de levante, como havemos de saber quais os chefes?... É preciso colhê-los a todos em flagrante, e é isso que espero conseguir em menos tempo do que vossa mercê pensa.

— Não te entendo; pois não me dizias a pouco, que tem certeza?

— Sim, senhor; certeza tenho-a eu, mas faltam as provas, sem as quais nada poderemos fazer regularmente . Tranqüilize-se porém vossa mercê, que elas de hoje para amanhã aparecerão.

— Eu tranqüilizar-me, quando, segundo afirmas com toda a segurança, sou alvo da mais revoltante aleivosia, quando sinto o seio mordido pela serpente, que nele abriguei?... Oh! Fernando! Fernando! estás realmente certo?... não te iludem as aparências?... ou embustes de algum inimigo de Maurício?...

— Esperemos, senhor; é por pouco tempo; eu o emprazo só até amanhã; suspenda até então seu juízo.

— Pois bem; suspenderei, e espero que a inocência ao menos de Maurício ficará patente.

— Ou sua traição desmascarada.

Mui de propósito e refletidamente, Fernando se empenhara em impedir que os dois jovens paulistas comparecessem à devassa. Semelhante medida os poria de sobreaviso; logo que desconfiassem, que eram também alvo de suspeitas, procurariam por qualquer meio evitar o golpe certeiro, com que pretendia aniquilá-los. Cumpria-lhe pois deixá-los na descuidosa seguridade, em que os supunha, até que tivesse, como esperava, provas patentes e exuberantes, de que eles maquinavam às ocultas contra o capitão-mor e os portugueses, e para isso descansava na astúcia e habilidade satânica do seu mameluco.

O dia quase todo passou-se em investigações, pesquisas e inquéritos. As mais fortes suspeitas do atentado da véspera recaíram sobre Calixto, o amante preferido de Helena, rival do Minhoto, e que com ele tinha querelas e ajustes de contas antigas. Calixto foi procurado pelos alguazis do capitão-mor por toda a povoação e suas imediações; não foi encontrado em parte alguma; novo e forte motivo de suspeição contra ele.

Entretanto Maurício e Gil não se achavam em tão completa seguridade, como supunha Fernando. O próprio Tiago, de cujas manhas e habilidade ele esperava com tanta confiança o pleno sucesso de seus planos, já na noite antecedente, como sabemos, tinha posto de sobreaviso a todos os conspiradores. Em razão desse aviso, e também das perseguições resultantes do assassinato do Minhoto, nenhum deles nesse dia apareceu na povoação achando-se todos refugiados na caverna, à exceção de Maurício, Gil e Antônio. Este vagueava às escondidas em roda da casa do capitão-mor, como gato do mato, que negaceia uma pomba, por motivos, que daqui a pouco saberemos. Gil, pela mais extremosa dedicação a seu amigo arrostando uma situação perigosíssima instava em vão com ele para que deixasse quanto antes a povoação; Maurício, porém, quedo e inabalável em sua casa obstinava-se em ali permanecer até à noite.

O sol já ia bem baixo no horizonte, e ainda Gil não pudera demover o amigo de seu pertinaz propósito.

— Só um cego, — dizia-lhe Gil, não vê, que aquele endiabrado mameluco, que ontem não conseguiu vingar-se de ti, e de Antônio na gruta, e que de lá fugiu escorraçado, nos irá denunciar, se é que já não denunciou.

— Mas julgas, que se ele quisesse revelar alguma cousa já não o teria feito? e se o tivesse feito, estaríamos aqui ainda livres e tranqüilos? — objetava Maurício procurando ainda razões especiosas para justificar sua fatal resolução evitando tocar no verdadeiro motivo, que ali o prendia.

— Não sei, — respondeu Gil, — mas daqui à noite ainda vai tempo, e Deus sabe o que acontecerá. Acredita-me, Maurício, não estamos aqui seguros, e considera, que conosco vamos sacrificar também nossos patrícios, que nos esperarão debalde.

— Vai tu só agora, Gil; se não me matarem ou prenderem, o que acho difícil, lá estarei antes de meia-noite. Vai; eu te peço, em nome deles e da nossa amizade. Quero ser o único sacrificado.

— E eu quero salvar-te a ti, e a honra de tua palavra, que é a de todos os paulistas.

— Deixem correr só por minha conta a minha vida e a minha honra.

— Que cegueira, meu Deus! — murmurou Gil na mais angustiosa impaciência; — Maurício, estarás louco?...

— Não sei... pode ser... mas sinto, que me é forçoso aqui ficar até a noite... ordena-me o coração, que fique aqui ainda, que não fuja...

— Senão, quando o raio cair-te em casa.

— Os raios do céu não podem ferir quem procura amparar um anjo. Os raios da terra... esses não me fazem medo.

— Eis volta de novo à tua fatal loucura!... O que pretendes pois Maurício?... o que esperas?...

— Espero a noite, e à sombra dela pretendo conspirar contra o capitão-mor e sua filha para salvá-los a eles e punir nossos opressores.

— Salvem-se!... fujam! — bradou a voz de uma pessoa que entrava precipitadamente. Era Antônio, que vinha arquejante de cansaço.

— Que te dizia eu, Maurício?!... — disse Gil com acento indefinível.

— Vossemecês estão perdidos, se não fogem neste instante. Venho da casa do patrão velho neste momento; o maldito mameluco acaba de contar neste instante ao senhor Fernando tudo quanto estamos fazendo.

— Mas como pudeste lá ir? — perguntou Gil.

— Não se importe com isso, patrão. O certo é que Antônio lá esteve; ninguém o viu e ele viu e ouviu tudo.

— Que mais esperas, Maurício? — disse Gil a seu amigo. — Vamo-nos.

— Daqui não saio, enquanto for dia, — respondeu Maurício com acento de inquebrantável firmeza. — Vai tu Gil; escapa ao ódio de nossos perseguidores; vai à caverna dirigir as cousas. Se a mão dos algozes não me apanhar, antes da meia-noite lá me acharei. Mas tu, Antônio, fica ainda um momento; preciso de ti.

Capítulo XVIII

Mil dobras pela cabeça de Maurício

É preciso explicar por que modo Antônio surpreendera Tiago denunciando a Fernando a conspiração. Lembra-se o leitor, que desde que Diogo Mendes se afeiçoara a Judaíba, sabendo que Antônio era seu rival, e rival preferido e muito amado da jovem carijó, exigiu de Maurício a entrega do índio, que era escravo seu. Avisado por Maurício, Antônio, esperto e inteligente como era, sabendo que seria agarrado, removido para bem longe, e talvez mesmo vendido, julgou prudente acautelar-se, e só aparecia na gruta no meio dos insurgentes, na povoação somente a Maurício e Gil, isso mesmo com precauções, que ele bem sabia empregar com a maior astúcia e agilidade. Entretanto com cuidados e saudades de sua Judaíba rondava continuamente pelo povoado exposto ao maior perigo em dia claro, porque a noite devia achar-se na gruta.

Na tarde, em que nos achamos, ele ansioso por falar a Judaíba, alentá-la, tranqüilizá-la, comunicando-lhe seus planos e esperanças, penetrou ousadamente na casa do capitão-mor. A ocasião era propícia; a casa, que até ali se achava atulhada de gente em razão da devassa, agora achava-se quase deserta. A maior parte de seus habitantes, inclusive o capitão-mor e seu filho, tinham ido acompanhar ao último jazigo o cadáver do Minhoto, que ia ser sepultado com todas as honras devidas à sua posição *pecuniária,* na capela, a qual ficava bastantemente distante. Antônio, como dissemos, penetrou ousadamente pela casa a dentro, foi até um pátio interior sem encontrar pessoa alguma, escondeu-se em uma cavalariça, e aí escondido ficou espreitando as janelas, que davam para o pátio esperando ver Judaíba. Mas em vez desta viu assomar a uma das janelas o vulto de Fernando acompanhado de Tiago. Estavam em distância, que Antônio os podia ouvir perfeitamente.

— Que estás aí a dizer, maroto?... ah! se pretendes enganar-me!... — dizia o fidalgo ao seu pajem.

— Não, senhor; desta feita descobri tudo, tudo. E quer vossa mercê saber ainda mais uma cousa?...

— O que?... fala depressa.

— O lugar, onde se ajuntam, pelos sinais não pode ser outra cousa mais do que a mina do tal Irabussu, e onde esse maldito feiticeiro enterrou-se para sempre com cinco dos nossos...

— Não me venhas pregar carapetões, que te passo à chicote, ouviste?... como podes saber isso?!...

— Pois eu já não disse que estive em uma grande lapa e no meio deles...

— É verdade!... tens razão! — murmurou Fernando como falando consigo. — Oh! a gruta de Irabussu, e dentro dela Maurício e ouro!... a riqueza e a vingança! será possível! ... Que achado, meu Tiago! — continuou voltando-se para o pajem com alegre vivacidade; — quantos proveitos!... se falar a verdade, sou capaz de te fazer príncipe... mas... onde é essa gruta?

— Dizer não é possível; ninguém é capaz de atinar com ela, por mais que se ensine; só eu mesmo indo mostrá-la.

— Pois hás de nô-la mostrar hoje mesmo.

— Hoje, senhor!... não tarda a anoitecer; de dia mesmo é custoso, e de noite, a não serem eles, que já estão mestres no ruim, não há quem possa dar com a tal maldita buraqueira; só amanhã.

— Pois bem; amanhã pela madrugada sairemos com gente a dar no tal quilombo... mas ainda nada me disseste do levante; quais são os principais da troça?

136

— Além do Maurício, lá está o altanado do Gil e um certo bugre, chamado Antônio... vossa mercê bem o conhece por fora, mas não sabe que alma danada está ali, fica sabendo agora; mil forcas que houvessem para aquele diabo...

— Está bem! está bem!... quais eram os outros?...

— Os outros?... um velho ferreiro enfarruscado, o maroto do Calixto, que teve a petulância de...

— Depressa! dize os nomes e deixa-te de qualificações e observações; eu os conheço a todos. Mais quem?...

— E mais um bando de bugres e negros que não conheço.

— E eram muitos?

— Muitos!... nem nunca!... umas duas a três dúzias de farroupilhas que vossa mercê com dois tiros esparrama num instante.

— Bem! vai-te embora.

O mameluco retirou-se.

— Oh! que excelente achado! — continuou Fernando a falar consigo. — Vou dar parte a meu tio, apenas chegar do enterro. Como há de folgar com semelhante notícia!...

Terminando este breve monólogo Fernando também retirou-se da janela. Antônio não queria, nem precisava ouvir mais. Esquecido de Judaíba saiu de seu esconderijo, atravessou de novo a casa como um silfo invisível, ganhou a rua e deitou a correr para a casa de Maurício com a velocidade do gamo, a dar o aviso, que já vimos.

O capitão-mor não tardou, e apenas entrou em casa Fernando correu açodado a informá-lo do que acabava de saber da boca de Tiago. O capitão-mor escutou indignado as revelações de seu secretário, e como que lhe custava dar crédito ao que ouvia, apesar dos caracteres de máxima probabilidade e quase evidência, que acompanhavam aquela delação.

— Já e já, — bradou em assomo de dolorosa indignação, — quero vê-los aqui presos os três, Maurício, Gil e Antônio com os pés metidos em um tronco e o pescoço em uma golilha!... e ai deles, se for verdade! terão de pagar com a vida.

137

Fernando triunfante intercedeu ironicamente:

— Não podemos ainda acreditar tão de leve, — disse com imperceptível sorriso de malignidade; — o dito desse maroto não é lá grande prova. Além disso, se realmente estão tramando contra nós, havemos de apanhá-los todos de um só lance de rede. Para que assustá-los já?... deixá-los prosseguir.

— Então devemos esperar que a traição se revele em traços de sangue?!...

— Não se inquiete meu tio; está já preparada a rede, em que todos serão colhidos de um só golpe sem poderem tugir nem mugir. Amanhã ficaremos livres desses perros e vossa mercê desabusado de suas ilusões.

— Praza ao céu, Fernando!... mas Mauricio! Maurício traidor!... meu coração revolta-se contra semelhante idéia! — murmurou o velho com voz dolente e abatida. — Não! não!. .. quero que ele venha à minha presença; quero ainda uma vez ler em seu semblante; quero sondar-lhe o coração. Fernando, manda-lhe à casa dois ou três esbirros, e por bem ou por mal seja conduzido já à minha presença.

Fernando não quis mais insistir; considerava já Maurício e seus amigos completamente perdidos e condenados sem remissão. Tudo quanto o jovem paulista pudesse alegar em sua defesa não podia destruir as provas exuberantes, que já tinha contra ele, e outras, que impreterivelmente esperava colher depois do assalto, que projetava dar à caverna dos insurgentes na manhã do dia seguinte. A prisão de Maurício, portanto, em seu entender não podia mais deter a espada vingadora suspensa por um fio sobre a cabeça de seu rival. Demais calculava e com muito fundamento que em vista das ocorrências daquele dia nem Maurício nem nenhum de seus amigos seriam encontrados na povoação, o que convinha admiravelmente a seus planos.

Portanto, depois de ter cumprido imediatamente a ordem de seu tio, de novo voltou para junto dele. Via que já era tempo de desfechar o último golpe, que tinha a longo tempo de reserva para fulminar seu adversário, isto é, de revelar a Diogo Mendes a violenta paixão que o jovem paulista sentia por sua filha Leonor.

— É tempo, — dizia Fernando com hipócrita gravidade, — é tempo de que vossa mercê seja informado de uma atroz particularidade, que parece até aqui ter ignorado, e que revela até que ponto chega a perversidade desse moço, que até hoje tem afagado como a um filho.

O capitão-mor sem dizer palavra olhava atônito para seu sobrinho como pedindo explicação.

— Saiba meu tio, — continuou Fernando, — que esse aventureiro ousou levantar suas vistas até sua filha, que teve a infelicidade de inspirar-lhe a mais violenta e louca paixão. É por amor dela, dela tão-somente, que não por afeto e gratidão a vossa mercê, que ele o acompanha e o tem servido sempre, não como o amigo desinteressado, mas como o cão esfaimado, que segue por toda parte a quem leva na mão um pedaço de carne. Até aqui nutria talvez esperança de que vossa mercê não lhe recusaria a mão de minha prima, ou projetava, — quem sabe? — arrastá-la ao opróbrio. Mas depois que me vê a seu lado, seus planos são outros, e mais audazes e atrozes ainda. A fúria do ciúme corrói-lhe as entranhas, e procura levar a efeito seus planos tenebrosos a ferro, fogo e sangue. Não creia que é por dedicação a seus patrícios, que ele, abusando de sua simplicidade e fanfarronice, os incita a se sublevarem contra o governo de vossa mercê; não: aproveita-se de algumas indisposições, e a pretexto de libertá-los de vexames imaginários intenta vir pisando sobre cadáveres com o punhal ensangüentado na mão arrancar-vos a filha para ir profaná-la em seu covil de salteador. Se não me acredita, espere os fatos; eles não tardarão.

O capitão-mor escutava aterrado tais revelações, que nunca lhe tinham passado pela mente. Mas agora, perpassando rapidamente pela memória todas as circunstâncias do passado, e as relações de sua filha com o paulista, ia-lhe como que caindo uma névoa dos olhos, e entrevia toda a plausibilidade das cousas, que Fernando asseverava com a maior segurança. A dedicação de Maurício tinha de feito assomos de heróica exaltação e entusiasmo, que pareciam efeitos de um sentimento mais enérgico e violento do que a simples gratidão e amizade. E também lhe parecia que esse sentimento era correspondido, pois lembrava-se que Leonor testemunhava em todas as ocasiões pelo jovem paulista a mais viva simpatia, e sempre o acolhia com o mais fagueiro de seus sorrisos. Estremecia com a idéia da possibilidade de uma afeição recíproca entre os dois jovens, afeição, que agora julgava muito natural; mas que entretanto reputava uma calamidade. Aventurou-se todavia a perguntar a Fernando:

— E Leonor? saberia ela desse afeto do paulista?... não lho levaria a mal?...

A esta pergunta Fernando empalideceu; banhou-se em fel o coração, e por alguns instantes sentiu-se desconcertado.

— A esse respeito... — respondeu hesitando, — nada lhe sei dizer... mas é impossível... julgo que a prima com sua natural candura e ingenuidade nunca suspeitou a ousadia do paulista. Tenho para mim, que ela vota-lhe a mesma estima, que tem ao seu caboclo Antônio; estima-o como a um cão fiel.

— Quem sabe, Fernando!?... olha, que Maurício possui dotes de corpo, de espírito e mesmo de coração... ou ao menos certas exterioridades brilhantes, que bem podem fazer forte impressão na alma de uma donzela.

Estas palavras foram punhaladas, que atravessaram o coração de Fernando, mordido cruelmente pela áspide do ciúme. Enfiado e mudo por alguns instantes mudou de cor duas ou três vezes, e por fim respondeu com mau modo:

— Nesse caso, senhor capitão-mor, visto que esse cavalheiro possui tão brilhantes prendas, não sei o que faz que não lhe concede já a mão de sua filha.

140

O capitão-mor ergueu a fronte com altivez e dignidade, e encarando seu sobrinho com sobrolho carregado:

— Pretende acaso o senhor Fernando galhofar comigo em assunto tão melindroso, e que tanto me magoa o coração.

— Perdão, senhor! — respondeu Fernando curvando-se com fingida submissão, — perdão! nem de leve eu pretendi molestá-lo. A credulidade de vossa mercê...

— Basta, senhor; não toquemos mais neste assunto . Já deu providências, para que Maurício seja conduzido à minha presença?

— Suas ordens estão dadas, e talvez já cumpridas.

Quando este diálogo assim se terminava, já era quase noite fechada. Daí a poucos minutos os esbirros expedidos por Fernando voltavam trazendo a notícia de que a casa de Maurício se achava fechada, e que por toda a povoação não tinham podido encontrar nem a ele, nem a Gil, nem a nenhum de seus companheiros. Então penetrou no espírito do capitão-mor a plena e dolorosa convicção de que Maurício era traidor e conspirava contra ele. Tudo quanto Fernando a pouco lhe havia revelado, se lhe apresentou à mente com todos os caracteres da evidência. Foi terrível a crise produzida em sua alma por este doloroso golpe; toda a afeição, que votava ao mancebo, converteu-se de repente em rancor profundo; sua cólera não conhecia mais limites.

— Mil dobras de ouro! — bradou ele erguendo-se bruscamente e batendo de rijo com o punho sobre a mesa, junto à qual se achava sentado. — Mil dobras a quem me trouxer a cabeça de Maurício!... Anda, Fernando, faze apregoar e publicar já por toda a povoação, que quem aqui me trouxer vivo ou morto esse infame salteador, receberá incontinenti mil dobras.

— Não será preciso despender um real por sua cabeça, — respondeu Fernando com toda a calma. — Ele mesmo nô-la entregará.

— Embora!... é preciso empregar todos os meios, para que não nos escape o traidor.

— Suas ordens serão cumpridas.

Capítulo XIX

Horroroso despertar de um sonho de delícias

O Capitão-mor e Fernando tinham tido o maior cuidado em ocultar a Leonor as graves e sinistras ocorrências daquele dia, não só para não inquietá-la, como também para evitar a intervenção, que não deixaria de querer exercer em negócios e resoluções que reclamavam a maior firmeza e energia. Já por mais de uma vez, — pensavam eles — a intercessão de Leonor os tinha embaraçado no emprego de medidas rigorosas, que talvez tivessem obstado a que as cousas chegassem ao estado crítico e melindroso, em que agora se achavam. Apesar dessa precaução, bem longe estava ela de ter o espírito tranqüilo, não podia deixar de notar certa agitação e surdo murmurinho, que fazia como que arquejar aquela habitação à semelhança do enfermo, a quem falta a respiração. A morte do Minhoto e as diligências, a que se procederam para descobrir os assassinos, não eram a seus olhos motivo bastante para explicar o contínuo e mal disfarçado alvoroto e revoltear de gente, que impossível era se lhe ocultar, e a grave e sombria preocupação, que via estampada no semblante de seu pai.

Há muitos dias via Mauricio arredado da casa do capitão-mor; a última vez, que o avistara, lia-se-lhe na fronte a expressão da mais angustiosa inquietação. Na noite anterior lhe aparecera misteriosamente como um espetro quebrando a lápide do sepulcro, e quando ia talvez fazer-lhe importantes revelações, um lúgubre e fatal incidente viera interromper suas confidências. Esse mesmo arrojo, a que até ali nunca se abalançara, de procurar falar-lhe a sós, bem indi-

142

cava, que as circunstâncias eram críticas. Tudo isto a enchia de sustos e das mais cruéis e sombrias apreensões.

Debalde procurava distrair-se com a companhia de Helena e Judaíba; suas duas prisioneiras não se achavam em muito melhores condições de espírito. Helena tremia por seu pai e por Calixto, foragido e perseguido por causa do assassinato do Minhoto, e retraída em obstinado silêncio não fazia mais que soluçar. Judaíba não vendo mais o seu Antônio, andava também taciturna e amuada como rola prisioneira, ferida na asa pelo chumbo do caçador.

Assim sozinha, sem ter a quem comunicar suas cruéis inquietações, lembrou-se de dirigir-se a Afonso. Este, a quem também em razão de sua indiscrição e pouca idade cousa nenhuma tinham ainda revelado a respeito da denúncia dada por Tiago, nada soube responder-lhe.

— Eu sei lá, minha irmã, — respondeu-lhe com a mais fria indiferença; — creio que se trata de enforcar o Calixto, e há de ser bem-feito.

Dirigiu-se depois timidamente a seu pai.

— Que há de novo, meu pai, que vejo hoje Vm. agitado, e mais ativo e preocupado que de costume?

— Oh! minha filha!... pois podemos deixar de estar inquietos depois do lamentoso sucesso desta noite?... É nosso dever vingar a morte do infeliz Minhoto, e fazer tudo por descobrir o assassino para puni-lo com todo o rigor da lei.

— Será só isso, meu pai?

— Tranqüiliza-te, minha filha; nada mais há do que isto.

Tais respostas não podiam acalmar o espírito de Leonor, profundamente abalado e apavorado como pelo pressentimento íntimo de alguma catástrofe iminente.

Acompanhemos agora a Maurício, o qual, depois que Gil, desesperado de o arrancar dali, o deixou abandonado ao seu destino, disse a Antônio:

— Arreia o meu cavalo e fica-te por aí por ora; mas toma cuidado de ocultar-te. Daqui a pouco também irás para a gruta.

Mauricio conservou-se em casa até o cair da noite. Interrompido na entrevista da véspera, não tivera tempo de explicar-se com Leonor, e não havia consideração alguma que o pudesse resolver a retirar-se talvez para sempre da presença de sua amada sem dizer-lhe um extremo adeus, sem protestar-lhe seu amor, revelar-lhe as fatais circunstâncias, que o forçavam a desaparecer, e procurar banir do espírito dela toda e qualquer suspeita, que porventura nutrisse a respeito de sua lealdade para com ela e para com seu pai. Era difícil sua posição em face de Leonor, a quem nada podia revelar do que havia de real e positivo na resolução fatal, que havia tomado. Não sabia e nem mesmo pensava no que devia lhe dizer; esperava que em presença dela o amor o inspiraria. Meia hora, um quarto de hora mesmo de entrevista lhe seria suficiente; depois voaria a reunir-se a seus companheiros e a entregar-se a todas as contingências da melindrosa situação, em que o destino o havia colocado.

Antes que as trevas de todo se cerrassem, depois de ter feito um pacote de alguns artigos de valor e de objetos de primeira necessidade, fechou as portas de sua modesta habitação, e com o coração opresso e repleto de amargura:

— Toma, Antônio, estes objetos, — disse ao índio; — talvez nos sejam necessários, pois não sabemos se voltaremos ainda a esta casa. Daqui em diante as selvas serão talvez nosso único abrigo. Corre à gruta, onde nossa gente deve já achar-se reunida. A meia-noite, ao mais tardar, lá me acharei.

— Oh! meu amo, por que não iremos juntos?...

— Não é possível, é de absoluta necessidade demorar-me ainda algumas horas.

— Nesse caso o esperarei aqui.

— Não, Antônio; é preciso que partas já, para tranqüilizar nossos companheiros a respeito de minha demora. Só tu e Gil poderão conter esses homens impacientes e sedentos de vingança. Dize-lhes, que o sol de amanhã nos encontrará vingados ou mortos.

144

Antônio não replicou mais; saiu, e daí a instantes Maurício também montou a cavalo, saiu cautelosamente e entranhou-se por uma vereda estreita e tortuosa, que através de um matagal espesso ia ter às margens do Rio das Mortes. Depois de ter-se afastado cerca de um quarto de légua do povoado, deixou o trilho por onde avançava, embrenhou-se no mato e aí conservou-se amoitado à espera que a noite se adiantasse algum tanto para poder levar a efeito seu projeto. Teria decorrido meia hora depois que ali se achava, quando ouviu passos e vozes de pessoas, que avançavam pela mesma estreita vereda por onde ele viera.

— Mil dobras! — exclamava um deles; — já fiz a conta, anda por cousa de trinta mil cruzados!...

— Trinta mil cruzados!... já não é para desprezar-se! — ponderava outro; — e isto pela cabeça de um perro de paulista!... dois proveitos em um saco; temos a pitança e ficamos livres do chefe desses malditos.

— Mas dize-me; estás bem certo que ele veio por aqui mesmo?

— Sem dúvida; foi por aqui que ele meteu-se; vi enfiar-se por este caminho um cavaleiro, e juro que não é outro senão o Maurício.

— Mau!... se vai a cavalo, não nos será tão fácil apanhá-lo.

— Não há dificuldade; ele vai muito devagar e descuidado; decerto ainda nada sabe da sorte que o espera. O ponto é apertarmos o passo, que agora mesmo o pilharemos.

— Foi bom, quando a escolta deu-lhe em casa, já não encontrá-lo; senão já lá estaria trancado, e nós sem esta soberba empreitada.

— Caluda, meus amigos!... arre com tanto palrar!... o que convém agora é olho vivo, pé ligeiro e boca calada!... Apenas dermos com os olhos nele, é escusado querer prendê-lo; nada de contemplações; é descarregar-lhe na cabeça todas as nossas escopetas, se é que querem que as mil dobras sejam nossas.

145

Os sujeitos passaram adiante, deixando Maurício ciente de que se achava condenado e sua cabeça posta a prêmio.

— Miseráveis! — pensou ele; — por um pouco de ouro não hesitam em tirar a vida a quem nunca os ofendeu, e antes muitas vezes lhes tem servido de amparo contra a sanha de meus patrícios justamente indignados. Talvez no meio daquela perrada vá mais de um, a quem eu tenha valido. Corja vil!... e como julgam fácil cortar-me a cabeça?... mal sabem, que mais cedo talvez a deles terá de rolar a meus pés!... oh! é preciso, é indispensável, que nesta noite mesmo vibre-se o golpe, que vai decidir do meu destino. Mas antes cumpre-me a todo o risco ir ter com ela, dizer-lhe um adeus... o derradeiro?... ah! meu Deus! quem sabe!...

Maurício, depois de ter esperado ainda algum tempo engolfado em suas tristes reflexões, deixou seu cavalo atado a um tronco no mato, em que se escondera, e cortando cautelosamente por matagões e desvios não batidos transportou-se para as imediações da quinta do capitão-mor.

Leonor por seu lado tinha também o espírito agitado da mais cruel inquietação. Eram mais de nove horas, e em vão procurava no leito um pouco de repouso para seu coração atribulado. Com a cabeça a arder veio ao terraço pedir às auras da noite algum refrigério à sua fronte fatigada de tão longo e penoso cismar, ou quem sabe talvez, seu coração adivinhava, que seu amante não deixaria de surgir de novo de por baixo da pedra do jardim para continuar a confidência, que um funesto incidente viera na noite antecedente bruscamente interromper. Mas o céu estava tão triste, pesado e lúgubre como o seu coração; nem estrelas, nem luar, nem brisas, nem rumores. A terra como o céu era um limbo silencioso. O torvo dorso das serras e colinas não se distinguia da abóbada tenebrosa. Debruçada ao peitoril Leonor mal divisava embaixo de seus olhos os canteiros e ruelas alinhadas de seu pequeno jardim. Enfim, depois de ali ter estado a cismar por algum tempo, viu elevar-se do chão o vulto de Maurício como fantasma evocado do sepulcro pelo condão de um nigromante. A emoção de Leonor foi extrema; se bem que já esperada ou pressentida a aparição misteriosa de Maurício naquela ocasião produziu nela mais violento e profundo abalo do que na noite anterior. Parecialhe que aquela sombra surgida do seio da terra vinha revelar os terríveis segredos de um futuro de lágrimas e infortúnio. Apesar de todo o seu amor, de toda confiança, que depositava no mancebo, quando o viu envolto em seu largo manto, o chapéu calcado sobre os olhos, subir um por um a passos lentos e cautelosos os degraus da escadinha, que do jardim galgava ao terraço, e parar silencioso ao lado dela, o coração gelou-se-lhe de terror, fez um gesto de medo e recuou espavorida. Maurício percebeu o terror da donzela.

— De que se arreceia, D. Leonor? — disse-lhe com voz meiga pousando-lhe brandamente a mão sobre o braço; — já não conhece Maurício?...

— Ah! senhor Maurício, bem o estou conhecendo... mas que estranho motivo o faz assim procurar-me às escondidas por duas noites, arriscando-se a si, expondo-nos a ambos a conseqüências funestas?...

— Pode estar tranqüila, senhora; não é por certo nem um pensamento criminoso, nem uma esperança de felicidade, que me traz a seus pés por este modo estranho...

— O que pretende então?...

— Dizer-lhe adeus, senhora, e vê-la talvez pela última vez.

— Pela última vez?!... meu Deus!... e porque?...

— Porque?... porque não quer o meu destino, que eu viva junto da senhora...; porque hoje tudo aqui conspira contra mim, até mesmo vosso pai... ah! D. Leonor! hoje nesta casa só me resta o seu afeto, e esse mesmo quem sabe se amanhã me faltará... oh! talvez!... talvez amanhã D. Leonor também me amaldiçoará!...

— Eu amaldiçoá-lo!? nunca! nunca! que razão haverá para isso?...

147

— É que eu vejo minha vida em iminente perigo... Esse infame Fernando, que vosso pai para aqui trouxe, põe tudo em conflagração, e eu vejo um vulcão prestes a estourar debaixo de vossos pés e dos meus.

— Oh! meu Deus! meu Deus!... não era em vão, que meu coração se enchia de inquietação e de amargura... e é nesta ocasião, que pretende deixar-me tão sozinha e desamparada?

— De que posso eu valer-te, Leonor?!...

— Oh! de muito, de muito, como já tantas vezes me tem valido.

— Como? se nem me é dado aparecer?...

— Por que motivo?

— Ah! não sabe ainda!? não sabe os riscos, que aqui mesmo às ocultas estou correndo?... pois sabe, D. Leonor, que agora mesmo procuram-me por todos os cantos para cortar-me a cabeça a troco de algumas moedas.

— Oh! que horror!... que infâmia!... será possível, meu Deus!... por que razão assim te perseguem?...

— Não sabes, Leonor, que Fernando e eu não podemos existir ao lado um do outro? que um de nós deve morrer impreterivelmente para sossego e felicidade do outro?...

— Desgraçadamente assim é; mas que crime cometes-te? que fizeste para merecer a morte?...

— Meu crime, ah!... meu crime é amar-te, Leonor; meu crime é ter merecido o teu amor. É essa felicidade suprema, que me invejam, e que não me podem perdoar. Devo morrer, por que tu me fizeste o mais feliz dos homens.

— Nesse caso eu participo do teu crime, a culpa é minha também, também eu devo morrer... mas não; não pode ser só isso; para te votarem à morte, é preciso, que te imputem algum crime, verdadeiro ou falso... falso por certo; jamais eu amaria um homem capaz de ação criminosa... a morte do Minhoto... quem sabe se te é atribuída?...

— A mim, Leonor?!... que necessidade tinha eu do sangue desse miserável!? não; é de outro que tenho sede, e esse...

Maurício, num transporte de indignação, ia quase trair-se; ia terminar: — bem cedo será vertido até a última gota. — Estas palavras, porém, morreram-lhe na garganta como um murmúrio surdo, que Leonor não pôde compreender. Ela contemplava com terror o amante, que por seu lado ao mesmo tempo que desejava tranqüilizá-la não sabia como explicar-lhe sua cruel situação, e a custo sopeava a explosão das tormentas, que lhe estuavam na alma.

— Fala em sede de sangue!... oh! oh! meu Deus! que palavras horríveis!... ah! Maurício, tu tens algum pensamento sinistro, que procuras esconder-me!...

— Nenhum, Leonor. Já o disse, não querem que eu viva; pois bem, irei morrer, mas não às mãos desses miseráveis algozes; não quero dar-lhes esse prazer; irei morrer bem longe, de saudade, de dor e desespero. Eu bem vejo que este meu amor é um amor sem esperança, um sonho de loucura; mas não posso extingui-lo em meu coração; só a morte poderá arrancá-lo daqui.

— Não fales assim, Maurício; se nenhum ato cometeste indigno e criminoso, que te faça perder a estima de meu pai, por que desesperar?... Eu, eu mesma irei falar-lhe, irei pedir justiça, e desmascarar esse homem funesto, que nos acompanha para nosso flagelo; tudo declararei sem medo e sem rebuço; direi a meu pai que te amo tanto, quanto detesto esse miserável Fernando...

— Não, por quem és, Leonor, não faças nada disso, — atalhou Maurício. — Assim, em vez de ser eu só a vítima, seremos duas, e eu jamais consentirei que sofras por amor de mim.

— Tudo sofrerei com firmeza e coragem. Se não me é dado gozar contigo da felicidade, seja-me ao menos permitido partilhar o infortúnio da pessoa a quem amo.

— Não, Leonor; com isso não farás mais do que tornar-nos mais infelizes, e perder-me para sempre irremediavelmente. Deixa-me entregue ao meu cruel destino... espere-

149

mos: talvez o céu nos conceda melhores tempos; talvez um dia, quem sabe se bem cedo, desapareça o odioso obstáculo, que se opõe à nossa felicidade.

— Mas que pretendes fazer?... ainda não me disseste...

— Já te disse, Leonor; vou sumir-me não sei onde. Dentro em pouco saberás notícias minhas; e ou seremos felizes, ou estarei perdido para sempre. Antes, porém, de arrojar-me a uma resolução desesperada quis vir arrojar-me a teus pés, protestar-te meu amor, minha lealdade e dedicação, pedir-te perdão... oh! eu te suplico, Leonor, pelo nosso amor, pelo nosso passado tão saudoso, pelas, suaves recordações de nossa infância, não dês crédito às calúnias, com que queiram infamar o meu nome e tornar-me odioso a ti e a teu pai!... e se eu morrer, oh! por piedade, Leonor, não amaldiçoes minha memória...

— Não te compreendo, Maurício. De que pedes perdão? quem quer amaldiçoar-te? quem pôs em dúvida a tua lealdade?...

— Quem?... ainda perguntas!... quem pôs a prêmio a minha cabeça?...

— Ah!...

— A noite se adianta, Leonor; procuram-me por toda parte para matar-me; preciso fugir. Ai de mim, e ai de ti, se somos aqui surpreendidos!... Leonor, adeus! tem compaixão do infeliz Maurício, que tanto te adora!... Adeus, Leonor!... adeus talvez para sempre.

Falando assim o mancebo beijava a mão de Leonor, onde deixou cair uma lágrima de fogo.

— Para sempre!?... ah! não! não! — soluçou a donzela; — não pronuncies mais semelhante palavra, se não queres matar-me.

Leonor sentia-se desfalecer ao embate de tão pungentes emoções; seus olhos se turvavam, a voz a custo lhe rompia do peito, e seu corpo esmorecia e dobrava-se vacilante como a haste do lírio açoitada pelo tufão. Pousou as mãos sobre os ombros de Maurício, e debruçou a fronte sobre seu peito.

O mancebo cingiu-lhe o corpo com o braço; a fronte da moça tombou-lhe para trás, e os cabelos soltos e em desordem desceram ondeando a beijar o pavimento. Estava ali como a frágil palmeira, a quem o temporal depois de ter-lhe rompido e derriçado os donosos leques, debruçou sobre os galhos robustos do cedro secular.

Por largo tempo conservou-se Maurício naquela posição, e como embebido em um êxtase celeste esqueceu-se de si, da gruta, dos amigos, que o esperavam, do tempo, que rápido se escoava, dos perigos, que o rodeavam, e só vivia para sentir a inefável voluptuosidade de ter pela primeira vez cingida em seus braços a amante idolatrada, que neles se lançara. Mas Leonor conservava-se imóvel, pálida, a boca entreaberta, os olhos cerrados, e presa a respiração. Maurício assustou-se.

— Leonor! Leonor! — murmurou agitando-a brandamente.

Leonor não se moveu, nem respondeu.

— Oh! desmaiada!... desmaiada, meu Deus!... que transe! — pensou o angustiado mancebo; — deixá-la aqui neste estado, não... não é possível... esperar aqui a pé quedo rodeado de perigos para mim e para ela?! meu Deus! que devo eu fazer!? Esperam por mim... já talvez me tenho demorado mais do que devia... Leonor!... Leonor!... repetiu o moço agitando-a de novo; mas Leonor permanecia muda e imóvel, pendente de seus braços como a cecém, que se debruça esmorecida à borda do vaso, que a contém.

Maurício refletiu um instante contemplando aquele busto angélico então frouxamente iluminado por uma fraca luz, que se escoava do céu através de nuvens entreabertas, inclinou seu rosto sobre o dela como para reanimá-la com seu hálito, e seus lábios roçaram pelos de Leonor em um primeiro e tímido beijo de amor. Àquele contato a virgem estremeceu ligeiramente; Maurício estreitou-a contra o coração na ânsia de uma emoção pungente e volutuosa a um tempo.

151

— Ah! Maurício!... Maurício! — murmurou a moça reanimando-se, lançando um braço ao colo de Maurício e unindo estreitamente a linda cabeça ao peito do mancebo como quem lhe queria falar ao coração, — tem ânimo de me deixar assim sozinha e desamparada em transe tão apertado... não sei... mas parece-me, que tudo anuncia uma grande desgraça... sem ti para me valer não sei o que será de mim!... mas... que estou a dizer?... já me esquecia do risco, em que te achas... perdoa-me, Maurício...

Leonor, esquecendo nesse momento todo o seu recato e timidez virginal, abandonava-se sem reserva aos transportes de seu terno e ardente amor. Por seu lado também Maurício deslembrado de todas as suas inquietações e amarguras com o peito arquejante de emoção entregava-se ao enlevo daqueles momentos de inefável ventura vendo reclinada em seu seio a fronte da virgem idolatrada, que tão meiga e confiante se entregava em seus braços procurando não só amor, como abrigo e proteção, qual a tenra trepadeira se enlaça ao tronco que a sustém contra a fúria dos vendavais, e cuidava ver abrir-se diante de seus olhos um céu de delícias sem fim.

— Ah! não, meu anjo, não creias que eu jamais possa resolver-me a deixar-te, — replicou Maurício com o acento do mais apaixonado transporte; — embora mil mortes me rodeiam, nunca me afastarei de ao pé de ti. Ainda, que me não vejas, fica tranqüila e certa, que não estou longe, que velo solícito e sempre alerta em volta de tua habitação, pronto a todo instante a correr em teu auxílio, e a desfazer as ciladas de nosso perseguidor, e que o mais leve ai, que exalares, chegará a meus ouvidos. Ainda que me não vejas estarei sempre junto de ti afrontando todos os perigos para te amparar e defender, porque adoro-te com todas as forças de minha alma, por que em ti consiste toda a minha vida, todo o meu futuro, toda a minha esperança de felicidade neste mundo.

— Os céus te paguem, meu bom, meu generoso Maurício, os céus te paguem tanto amor e dedicação. Eu fraca e infeliz donzela que mais posso oferecer-te senão este coração, que há muito tempo já é teu, senão este meu puro, meu constante, meu eterno amor...

— Oh! Leonor!... só essas tuas doces palavras bastariam para recompensar um século de trabalhos, de perigos, de sofrimentos... mas como voam rápidos estes momentos!... Leonor, repete-me ainda uma vez, que me amas, e... adeus!...

— Sim, eu te amo, repeti-lo-ei mil vezes; eu te amo... nosso amor é puro, Deus o protegerá...; um dia seremos felizes.

— Seremos felizes!... sim, meu Deus!... és tu quem falas pela boca de um de teus anjos. Sim, Leonor, seremos felizes... adeus!...

Os braços dos dois amantes enlaçaram-se em apertado amplexo... Neste momento um pavoroso estrondo, que partia do lado oposto do edifício por entre uma gritaria infernal veio de chofre ferir-lhes os ouvidos. Os insurgentes assaltavam a casa do capitão-mor, e entre gritos furiosos tratavam de arrombar o grande portão do pátio a golpes de machado. Os brados de morram os emboabas!... morra Fernando! morra o capitão-mor! — chegavam distintamente a seus ouvidos. Maurício ouvia também às vezes o seu nome entre pragas e epítetos afrontosos. Compreendeu no mesmo instante todo o horror de sua situação. Acordava do mais puro e suave sonho de amor para achar-se a braços com a mais tremenda realidade. Leonor não pudera resistir a este novo e terrível abalo, e tornara a desfalecer. Maurício a toma nos braços, entra afoitamente até a sua câmara de dormir, a depõe cuidadosamente sobre o leito, imprime-lhe um beijo na fronte, e com a velocidade do relâmpago desaparece de novo por onde havia entrado. Que irá ele fazer?...

153

Capítulo XX

Feitiço contra o feiticeiro

Para explicarmos a origem do horroroso tumulto, que viera tão brusco e violento interromper os angélicos e suaves sonhos de Maurício e Leonor no momento da despedida, enchendo de pavor e consternação a casa do capitãomor, nos é mister levar ainda uma vez o leitor à gruta de Irabussu. Deram-se aí nessa tarde importantes acontecimentos, que, como vamos ver, anteciparam o rompimento da revolta e a fizeram precipitar-se furiosa sobre a residência de Diogo Mendes.

O assassinato do Minhoto e os vexames e perseguições, a que deu ocasião, levaram ao cúmulo a exaltação e impaciência dos conspiradores, e contribuíram em grande parte para acelerar a explosão daquela desasada insurreição, mal dirigida e pior organizada por homens de todas as raças e de todas as condições, e em que jogavam interesses e paixões tão desencontradas.

No mesmo momento em que o mameluco Tiago denunciava a revolta com a maior individuação, e apontava a Fernando um por um os seus principais chefes, os insurgentes em grande número já se achavam reunidos na gruta de Irabussu em uma sessão tumultuária e tempestuosa. Na ausência de Maurício e de Gil, únicas pessoas que por sua firmeza e resolução e pelo prestígio de que gozavam podiam exercer algum ascendente e conter os excessos daquele bando selvático e insubordinado, não havia mais dique ao transbordamento do mais anárquico e odiento fanatismo.

Calixto, o jovem e fogoso paulista, também lá se achava. Sabendo, por um feliz acaso, que fora indigitado como assassino do Minhoto, pôde escapar a tempo das perseguições dos esbirros. Dotado de indomável altivez, assomado, vingativo e rancoroso sobravam-lhe além disso motivos para fazer-lhe arder o peito em sede de vingança Bueno, seu velho querido mestre e protetor, que desde a véspera não comparecia, constava que tinha sido preso e que estava sendo posto a tratos para dar conta dele Calixto, e revelar o que soubesse a respeito da insurreição. Sua adorada Helena lá se achava detida em casa de seus perseguidores, roubada violentamente ao seu amor, sujeita aos desacatos e talvez às violências de um rival poderoso e dissoluto, que estava como que de posse dela.

É fácil compreender como não devia ferver o sangue ao pobre moço, como não estaria ansioso por correr à casa do capitão-mor com o punhal em uma das mãos, e o facho aceso na outra não só para desafrontar-se das injúrias passadas, como para arrancar à ignomínia e à morte sua amante e seu benfeitor; situação bem semelhante, porém não tão complicada como aquela, em que se achava Maurício.

— Não há tempo a perder, meus amigos! — gritava ele com a exaltação de um possesso, — se não formos já e já fazermo-nos justiça por nossas próprias mãos à custa do sangue desses perros infames, tudo está perdido. É escusado esperar por Maurício, nem por Gil, nem por quem quer que seja. Que precisão temos nós de chefes? porventura não sabemos o caminho da povoação e da casa do capitão-mor? para matar emboabas precisamos de quem dirija nossos golpes?... Os nossos perseguidores já andam de prevenção; a morte desse miserável Minhoto acabou de pô-los de sobreaviso, e agora ainda de mais a mais não sei por que artes veio meter-se entre nós esse mamelucozinho, um Judas, que mais hora menos hora irá nos entregar nas mãos de nossos tiranos. As cousas têm chegado a um ponto, que de um momento para outro em vez de sermos assaltantes, podemos ser assaltados aqui, e aqueles de nós, que escaparem à matança, irão para o tronco e do tronco para a forca a servirmos de regozijo e chocata a nossos opressores .Camaradas, não devemos perder um só instante; se não formos hoje mesmo e sem mais perda de tempo dar cabo deles, amanhã darão cabo de nós.

Assim falava o moço interrompido a cada passo por aplausos estrondosos e por gritos de morram! morram os emboabas!... Entretanto, grande parte dos paulistas amigos de Maurício e de Gil entendiam que nada podiam empreender sem ordem deles, e empregando em vão os últimos esforços para acalmar os ânimos, instavam, para que se esperasse ao menos até meia-noite, hora em que Maurício dera palavra de se achar entre eles. Eram interrompidos por gritos frenéticos e pocemas sanguinárias.

— Aos emboabas! aos emboabas já e já! — Morram esses malditos! — era a única resposta, que obtinham.

— Que necessidade temos nós aqui de Gil, nem de Maurício? — exclamou Calixto num acesso de humor atrabiliário. — Podemos nós contar com eles?... um é rico, e não quer arriscar os seus tesouros; o outro é criatura do capitão-mor, vive de rojo aos pés da filha dele, e bem se vê que, se nos acompanha, não é de muito boa vontade...

— Cala-te, Calixto, — atalhou um grave e sisudo paulista já algum tanto avançado em anos. — És muito criança, a paixão te exalta e cega; por isso perdoamos-te as palavras loucas, que acabas de pronunciar. Onde ouviste dizer, que um paulista faltasse à sua palavra? Quando te constou, que um paulista atraiçoasse aos seus e a quem quer que fosse?... Esperemos, camaradas; Maurício prometeu, Maurício hoje à meia-noite estará conosco.

— Não ponho em dúvida a lealdade de Maurício, nem de Gil, — respondeu o mancebo um pouco reportado com a severa reprimenda do velho paulista; mas é certo que Mau-

156

rício, perdido de amores pela filha de nosso tirano, não percebe que nos vai pondo a perder com suas prudências e demoras. E depois quem nos diz que a esta hora não estarão eles metidos em um tronco? quem mesmo nos pode assegurar, que estão vivos ou mortos?...

Esta conjetura era com efeito mais que plausível, e abalou profundamente e consternou o ânimo dos próprios paulistas, que ainda nisso não haviam pensado.

— A eles! a eles, enquanto é tempo! morram! morram os emboabas!... — foi o grito geral.

Assim em tumultuosas altercações e horríveis algazarras passaram-se algumas horas, até que baixou a noite, e com ela surgiu entre eles a figura satânica de Tiago, sem que ninguém visse quando, nem por onde tinha entrado.

— Meus amigos, — disse ele com ar consternado, — porque estão aqui ainda a perder tempo em falatórios!... saibam que estão entregues e atraiçoados, e se não correm já e já a dar cabo daquela corja, estão perdidos!... Fernando e o emboaba velho já estão inteirados de tudo e muito por miúdo. Amanhã pela manhã eles têm de dar nesta caverna com sua gente. Meu aviso ainda vem a tempo; tratem de fugir, se têm medo, ou de dar sobre eles nesta noite mesmo, e isto já sem demora.

— Que estás a dizer, anãozinho dos mil diabos!... — quem te contou essas patranhas?...

— Estou dizendo a pura verdade...

— E quem será o traiçoeiro, também não saberás dizer-nos?...

— Eu sei?!... imaginem lá bem, e vejam, quem poderá ser.

— Além de mestre Bueno, — ponderou um paulista, — e mais alguns poucos, que tiveram a desgraça de ficarem presos por causa da morte do Minhoto, só nos faltam aqui Maurício, Gil e o índio Antônio; mas estes, eu dou por eles minha cabeça, são incapazes de uma traição.

— Quem sabe, — ousou refletir outro paulista, — se mestre Bueno ou algum outro forçado pelas torturas...

— Nunca! nunca! — atalhou o primeiro com energia; — nenhum dos paulistas, que lá estão, seriam capazes de nos entregar, nem que os botassem a ferver nas caldeiras de Satanás.

— Quem poderá ser então?... fala, mameluco do inferno, quem nos atraiçoa?...

— Não digo, que seja o senhor Maurício, — respondeu o marralheiro caboclo, — nem o senhor Gil, e nem tampouco o Antônio. No entanto eu moro em casa do homem da casaca vermelha, e meus olhos e meus ouvidos andam ali por todos os cantos, e sei que estamos entregues. Esses três, de que falei, são os únicos que lá andam livres e soltos; os outros, que lá se achavam, foram todos presos. Por que razão esses senhores não se acham aqui?... isto sempre dá que pensar.

— Deixa-te de meias palavras, maldito! fala o que sabes franca e lisamente, se não queres que aqui mesmo te estrafeguemos. Fala, quem é que nos atraiçoa?...

— Quem mais senão esse birbante mesmo, — bradou uma voz atroadora. — É ele, é esse mameluco infame, que hoje mesmo não há muitas horas nos traiu e denunciou.

Todos se voltaram atônitos para a pessoa, que acabava de pronunciar estas palavras. Era Antônio, que naquele momento entrava precipitadamente na gruta.

— Agarremos este patife, — continuou o índio, — e sofra aqui já sem demora o castigo de sua traição.

Tiago, fulminado por tão inesperada revelação, ficou por alguns instantes perturbado sem saber o que replicar a quem tão bruscamente o vinha desmascarar.

— Este meu parente está louco decerto, camaradas, — redargüiu enfim reassumindo sua natural protérvia e ar petulante. — Eu atraiçoá-los!... seria galante eu atraiçoar-me a mim mesmo!... se eu quisesse entregá-los, com que interesse eu viria agora às carreiras avisá-los do perigo, que estamos correndo?...

— Com que interesse?! — replicou Antônio colocando-se diante do mameluco de braços cruzados e com um riso de feroz sarcasmo. — Olha bem para mim, maldito!... sabes com quem estás falando?... tu não és gente; tu és um filho de Satanás, que só queres nos ver a todos nos despedaçando uns aos outros para poderes vir e folgar em cima de nossos corpos e atolado em nosso sangue. Mas tu não nos enganas mais, miserável; antes que possas ver a cor do nosso sangue, o teu estará derramado até a última pinga.

— Isso não é tão fácil de fazer, como de dizer.

— Eu te mostro, — retrucou Antônio em tom seco e breve, e desembainhando a faca deu um pulo de onça sobre o mameluco, e agarrou-o pela gorja. Alguns paulistas, porém, detiveram-lhe o braço.

— Estás louco, Antônio! — disseram-lhe; que pretendes fazer?... se principiarmos assim derramando o sangue dos nossos antes de vertermos uma só gota do de nossos inimigos, mal agourada vai a nossa empresa...

— Dos nossos?!... nunca!... é o sangue de um miserável traidor, que quero derramar...

— Mas que certeza tens, de que ele nos traiu?...

— A certeza, que me deram estes olhos e estes ouvidos. Sim, senhores, por felicidade nossa ouvi e vi tudo.

Antônio então relatou minuciosamente em vivas e rápidas palavras o motivo e o modo por que se introduzira furtivamente em casa do capitão-mor, e como presenciara sem ser visto à delação do mameluco. Tiago, esmagado por aquela revelação, não podia opor-lhe senão uma simples negativa; entre a sua negação, porém, e a afirmação do bom e leal Antônio nenhum dos que ali se achavam presentes, hesitaria um momento.

— Morra o infame traidor!... acabe-se já com ele, antes que nos arme outra! morra! morra o mameluco! — assim bradava uma multidão de vozes, e já as facas e punhais relampeavam fora das bainhas. Tiago, vendo-se perdido, lembrou-se então de implorar um pequeno prazo apelando para os acontecimentos. Ele tinha presenciado as ordens rigorosas e terminantes, que dera o capitão-mor para trazerem à sua presença Maurício e Gil, vivos ou mortos; contava portanto quase como certo, que os dois mancebos àquelas horas, se não estivessem mortos, estavam pelo menos presos e metidos no tronco.

Ignorava, porém, que Antônio os fora avisar, e que Fernando de propósito havia obstado a que fossem presos naquele dia.

— Deixem falar esse bugre, — gritou o mameluco; ele há muito tempo me tem ódio não sei por que. Sou eu o traidor?! pois bem; eu aqui me acho no meio de vossemecês pronto a receber o castigo, que merecer; e eles o que estarão fazendo?... porque não se acham aqui?... esperem por eles...

— Eu juro, — exclamou Antônio, — que à meia-noite meu amo aqui se há de achar conosco.

— E eu juro, que não. Se acontecer o contrário, então sim, podem matar-me, estrangular-me como e quando quiserem.

— Até à meia-noite!... isso nunca! nunca! — bradou Calixto altamente impacientado. Uma hora só de demora pode nos arrastar à perdição. Que estamos atraiçoados não resta dúvida, seja lá quem for o traidor. Que mais esperamos? que eles ajuntem gente e nos venham aqui amarrar como negros fugidos?... Não, meus camaradas, nem um minuto devemos mais perder; partamos já e já. É loucura esperar por Maurício e Gil, que ninguém sabe se estão presos, nem se estão vivos ou mortos...

— Posso afiançar que não foram presos, — replicou Antônio; — apenas acabei de ouvir a denúncia deste maroto, corri a avisá-los, e eles puseram-se a salvo.

— Mas tu lá os deixaste ainda, Antônio, e Deus sabe o que terá acontecido.

— Não sei, mas meu amo é nosso comandante; ele deu palavra de estar aqui até à meia-noite; devemos esperar por ele. E que mal faz isso?... da meia-noite até o romper do dia temos tempo de sobra para marchar até a povoação, e em poucos instantes varremos de lá, tudo quanto é emboaba.

160

E se antes disso eles vierem nos atacar? — ponderou Calixto.

— Isso não pode ser. Escuta branco; eu estive lá, vi e ouvi tudo, e a boca de Antônio não sabe mentir. Nenhun deles sabe o rumo, nem o caminho desta furna . É este maldito, que aqui está, que não sei por que artes nos veio descobrir aqui, é este capetinha do inferno, que amanhã ao romper do dia devia guiá-los a esta gruta. Não é verdade?... fala, cão tinhoso, mameluco de Satanás.

Tiago nada ousou responder; em vista das declarações do índio, já não duvidando que de um momento para outro Maurício e Gil pudessem comparecer, via desvanecerem-se suas esperanças. Já não lhe restava outro recurso senão esgueirar-se sorrateiramente, como o fizera da primeira vez, e para esse fim, olhando para todos os lados com seus olhos de víbora, espreitava sutilmente a ocasião oportuna. Mas Antônio, que já lhe adivinhava a intenção, sempre de olho vivo, não se arredava de ao pé dele.

— Mas felizmente ele aqui está em nossas mãos, — continuou Antônio, — não o deixemos escapar, e por esta noite ao menos nada temos que recear.

Os paulistas, que se interessavam por Maurício e Gil, e que receavam que aquele movimento, composto em grande parte de uma horda de bárbaros insubordinados e furiosos e dirigido pela cabeça esquentada e inexperiente de Calixto não passasse de um ato de feroz canibalismo, que viria ainda mais agravar sua sorte, exultaram com as revelações de Antônio e o aplaudiram vivamente.

— Tem Antônio toda razão, — diziam eles, — e ninguém aqui pode pôr em dúvida sua lealdade e boa fé; à vista do que ele nos diz, podemos esperar até meia-noite a vinda de nossos chefes sem inconveniente algum. Só eles nos poderão dirigir de modo conveniente e eficaz nesta arriscada empresa, e antes esperar mais algumas horas do que dar um golpe desacertado, que poderá recair sobre nossas cabeças. Eles lá se acham livres e soltos, e por certo terão conhecimento do que por lá tem ocorrido, e melhor do que ninguém saberão o que se pode fazer. Se vierem até meia-noite, devemos obedecer-lhes como a chefes por nós escolhidos; se porém até então não aparecerem, não poderemos mais esperar; nossa situação não o permite; devemos marchar a todo transe.

Estas considerações produziram algum efeito, e acalmaram até certo ponto a agitação e impaciência dos ânimos com grande desgosto de Calixto, a quem tantas delongas e hesitações desesperavam. Um sussurro de aprovação se propagava por aqueles grupos movediços e fantásticos, que se amainavam gradualmente, como a selva que murmura e balanceia-se brandamente depois da passagem do furacão.

— Seja lá como quiserem, — bradou Calixto estorcendo-se de raiva e de impaciência; — do que estou certo é que toda esta demora nos será fatal, se é que já não o tem sido. Mas já que assim o querem, esperemos; esperemos que o cutelo do carrasco caia sobre nossas cabeças.

— Esperem outros, — exclamou Tabajuna, o chefe dos indígenas, erguendo-se em toda sua colossal estatura e levantando os braços musculosos acima de toda a turba; — esperem outros, mas Tabajuna e seus guerreiros não esperam mais nem um momento. Esta furna é a ocara de um pajé; ainda esta noite Tabajuna ouviu a voz dele, que falava do fundo dessas cavernas. A voz do pajé falava assim: "Os filhos da floresta não devem esperar o conselho do filho do emboaba. É tempo de vibrar o tacape sobre a cabeça do inimigo, e mandar-lhe ao coração a flecha voadora". Levantei a cabeça e olhei; quem me falava assim era Irabussú, Irabussú, que conversa com os manitós, e é querido de Tupá. Não é verdade Irabussú?... terminou o cacique voltando-se para o interior da caverna e reforçando a voz com medonha entoação. Todos os olhos se volveram para aquele lado, onde passado um instante surdiu uma pavorosa figura humana,

162

que mais parecia um espectro. Era um índio quase nu, alto, seco e delgado como um coqueiro calcinado pelo raio e despojado de seus leques de verdura. Apareceu um instante à boca de uma fuma interior entre duas estalagmitas, como um esqueleto entre as duas colunas de um nicho de mármore. Dir-se-ia a múmia de um cacique, que ali se achava em pé, se não lhe cintilassem no fundo das órbitas solapadas dois olhos vivos como carbúnculos.

— É verdade! — bradou Irabussu com voz rouca e lúgubre, e de novo desapareceu na escuridão dos profundos recessos da caverna.

Ainda desta vez a aparição do velho índio a todos pareceu sobrenatural. A exceção dessas duas noites, em que aparecera instantaneamente como um morto evocado do sepulcro, ninguém mais o vira depois daquela noite tremenda, em que deixando desvairados nas trevas da medonha lapa os míseros portugueses, que o conduziam, se sumira também como um duende nas profundas células daquela colossal colméia de estalactitas.

O próprio Antônio ficou assombrado com tão extraordinária visão, mas superando o seu pavor:

— Pai de Judaíba, — bradou, — escuta; tu te enganas...

— É verdade! — remurmurou mais longe e mais sumida a voz de Irabussu.

A aparição de Irabussu pôs termo às discussões, e acabou com todas as hesitações .Os próprios paulistas, ou porque vissem que não era mais possível conter a exaltação dos companheiros, ou porque também se sentissem abalados pela voz lúgubre daquele espectro, que parecia falar como um oráculo do seio dos túmulos, acompanharam o arrastamento geral.

— Aos emboabas!... morte aos emboabas!... eram os únicos sons que ecoavam pela gruta, e cada um dispondose a despejar a caverna corria com açodamento a empunhar suas armas.

— Esperem, camaradas; um momento ainda! exclamou Antônio, que se conservava sempre ao pé de Tiago sem dele desviar os olhos com receio que se escapasse de entre eles com a sutileza do costume para de novo ir atraiçoá-los. — Antes de sairmos é preciso ver o que se há de fazer deste maldito mameluco. Levar conosco um velhaco, um traidor deste quilate... não é possível; deixá-lo aqui livre e solto vem a dar na mesma. O melhor é deixá-lo aqui pendurado pelo pescoço; é o único meio de nos vermos livres de semelhante víbora.

Enquanto assim falava Antônio tinha o mameluco agarrado pelo braço.

— Matá-lo já não é justo, — intercedeu um paulista; — o melhor é deixá-lo aí fora amarrado a uma árvore.

— Ele roerá a corda com os dentes, — retrucou Antônio.

— Amarremos-lhe os pulsos, e o suspendamos por tal forma, que mal toque o chão com as pontas dos pés, e quero ver como ha de roer acorda.

— Qual! nada disso serve, — disse Antônio depois de um instante de reflexão. — Lembra-me uma cousa; estão vendo aquele buraco, que ali está? — continuou apontando para uma abertura, que se via ao rés do chão em um canto da gruta à maneira da boca de uma fornalha, e onde um homem para entrar teria necessidade de curvar-se não pouco.

— Estamos vendo e depois?...

— Aquele buraco não tem mais entrada, nem saída senão por ali; já entrei por ele a dentro, e a não ser no inferno não sei onde irá acabar.Prenda-se ali este biltre, tape-se a entrada com três ou quatro pedras bem pesadas, e deixemos aí o menino na enxovia, já que o não querem matar. Se morrermos por lá e não pudermos soltá-lo, ele também que morra aí entaipado, pois não é mais bonito que nenhum de nós. Se formos felizes, cá viremos soltá-lo, e então ajustaremos contas.

O alvitre foi aplaudido e aprovado com grandes vozerias. O pobre mameluco, que até ali escutava imóvel, silencioso e com os olhos estatelados de pavor discutir-se em ar de chacota sua vida ou morte, ao ouvir proclamar-se e confirmar tão horrível sentença rompeu em brados e alaridos lastimosos, ora soltando horríveis imprecações, ora implorando misericórdia, e rojando-se por terra em miserandas contorsões.

Mas seus juízes foram inexoráveis; as circunstâncias eram imperiosas. Agarraram o mameluco à viva força, e o empurraram para dentro do buraco. Imediatamente quatro grandes pedaços de estalagmitas, carregados cada um por quatro homens dos mais vigorosos, foram ajustados à boca da furna; por trás destes acumularam-se ainda outros, e só quando já mal se ouviam os uivos lastimosos e desesperados do infeliz emparedado, deram por terminada a obra, e evacuando a caverna trataram de pôr-se em marcha.

Capítulo **XXI**

O assalto

Apenas os insurgentes se viram fora do antro pavoroso, toda a vozeria cessou como por encanto, e o mais discreto silêncio sucedeu às altercações e pocemas sanguinárias. Antes de se porem em movimento estiveram alguns instantes parados junto à entrada da gruta tomando em voz baixa algumas deliberações e combinando o plano do ataque. Quem visse de alguma distância aquele grupo de cerca de cem homens remoinhando e murmurando em uma noite tenebrosa ao pé de uma rocha escarpada, cuidaria não ver mais que uma moita de arbustos, que se agita e sussurra ao sopro das virações da noite.

Os índios a princípio quiseram prorromper em seus gritos selváticos e entoar seus horríveis cantos de guerra. Mas Antônio dirigindo-se a eles em sua própria língua lhes fez ver, que naquelas conjunturas o silêncio era a primeira condição do sucesso. Também lhes tinha feito largar seus arcos e flechas, que na ocasião de bem pouco lhes poderiam servir; deixou-lhes somente os tacapes, e deu-lhes partazanas e zagais, de que na caverna, graças aos cuidados de mestre Bueno, havia sobeja provisão. Ainda que quase nus alguns se armaram também de espadas e escopetas; eram em número de vinte e tantos a trinta.

Os negros em número pouco mais ou menos igual, além de escopetas e zagais levavam também à cinta suas largas e compridas facas, arma terrível de que com tanta destreza sabem servir-se.

Os paulistas armados de espadas, escopetas e duas pistolas ao cinto formavam o grupo mais formidável e numeroso. Esta falange vista à luz do sol faria rir a quem não soubesse os nefários e sinistros desígnios, que levavam em vista.

Dos índios poucos tinham injúrias pessoais a vingar, mas fervia-lhes nalma o ódio instintivo, que os açulava contra os europeus, que lhes queriam roubar a liberdade e a terra, que Tupã lhes tinha dado. Os negros, todos escravos fugidos, queriam vingar-se dos golpes do azorrague desumano, que ainda lhes ardia nas carnes, e ao mesmo tempo quebrar os ferros da escravidão. Dos paulistas não havia um só, que não trouxesse altamente gravada no coração uma cruel afronta, um esbulho o mais iníquo, a mais clamorosa injustiça. Compreende-se pois com que sofreguidão e sede de vingança marchava aquela troça de bandidos sobre a povoação já submersa em sono profundo. Avançavam todos animados e resolutos, e cheios de ardor e confiança aceleravam o passo quanto podiam, ansiosos por tomarem sanguinolento desforço das violências e afrontas até ali tragadas com tanta paciência e resignação.

Antônio, porém, a quem a ausência de Maurício causava a mais viva inquietação, não participava do cego e vertiginoso entusiasmo, que arrastava seus companheiros. Não seriam ainda dez horas, quando os insurgentes se puseram em marcha. Restava ainda ao índio a esperança de encontrar Maurício em caminho. Durante a marcha aplicava continuamente a um lado e outro seu ouvido fino e exercido à escuta de algum tropel de cavaleiro, e de quando em quando com incrível rapidez e agilidade, infatigável como um cão perdigueiro, batia mato e campo à direita e à esquerda em longas distâncias afim de impedir que Maurício, se acaso tivesse tomado trilho diferente, não se desencontrasse deles. Mas tudo era baldado; nem notícia, nem tropel, nem sombra de Maurício aparecia. Nem só se inquietava o fiel e generoso índio com a sorte de seu amo, aliás altamente comprometida; ainda mesmo que o soubesse salvo e livre de perigo, a sua ausência era um terrível contratempo, que poderia dar em resultado as mais desastrosas catástrofes. Além de excitar contra si as suspeitas e o ódio dos insurgentes, a que perigos não iam ficar expostos Leonor e seu pai sem a presença daquele, que somente podia protegê-los contendo a fúria de uma horda desenfreada, que só respirava vingança e carnificina!... Ai de Leonor, ai de Diogo Mendes, para os quais não haveria entre aqueles entes obcecados pelo ódio nem a mínima parcela de compaixão. E ai de Maurício, cuja existência seria esmagada pelo mais violento golpe, e que com razão se queixaria dele Antônio, e de todos os seus amigos e patrícios, que por sua imprudência e precipitação os iam sacrificar podendo salvá-los. Em sua extrema dedicação o generoso índio esquecia-se do rancor, que votava ao capitão-mor, esquecia-se de si mesmo, e até de sua querida Judaíba, para só pensar em Maurício e Leonor. Estes pensamentos o torturavam, e cada passo, que os insurgentes avançavam em sua marcha precipitada, dobrava-lhe os sustos e a inquietação.

Sempre na esperança de que Maurício viria a topar com eles em caminho, Antônio, que tanto por sua audácia e atilamento, como pelo traquejo, que tinha daqueles lugares, tinha-se tornado senão o chefe, ao menos o guia da expedição, aproveitava-se de todos os pretextos possíveis para retardar-lhe a marcha. Ora parecia hesitar sobre o trilho, que se devia tomar, ora propunha uma questão sobre o modo por que deveriam atacar os emboabas; mas tudo era baldado; a horda marchava incessantemente e avançava sempre com o mais denodado arrojo e velocidade. A voz de Irabussu troava ainda aos ouvidos de todos, e os impelia às cegas com vertiginosa impetuosidade como folhas secas arrebatadas pelo sopro do furacão.

Estavam já nas imediações do povoado; entretanto a meia-noite vinha longe; Maurício, montado em seu valente e rápido corcel, partindo naquele instante, podia ainda apresentar-se na gruta à hora aprazada. Refletindo nisto Antônio desesperava e quase endoidecia; apresentavam-se-lhe de tropel e confusamente ao espírito todas as funestas conseqüências daquela precipitação de seus companheiros, e já não sabia que meios empregar para detê-los. Tentou ainda um derradeiro esforço. Antes de entrar no povoado fez parar um momento a coluna dos insurgentes.

— Eu peço só meia hora, — disse dirigindo-se a Calixto; — um quarto mesmo talvez me baste. — Vou procurar meu amo, saber se é vivo ou morto, se está livre ou preso. Se está vivo e livre, neste momento estará aqui conosco; e ele só vale por cem. Se porém está em poder de nossos inimigos, neste momento também estará livre e vingado; é Antônio quem o jura.

— Aí temos mais delongas! — retrucou Calixto com mau-humor, — e tudo por causa desse inconcebível Maurício, que tanto já nos tem atrapalhado!... Deixa-te disso, Antônio; tu vais te arriscar debalde; talvez te agarrem também, e ficaremos sem Maurício e sem Antônio. Nada de demoras! avante, camaradas!...

— Avante! avante! — esta voz partindo dos lábios de Calixto remurmurou como um eco surdo por toda a fila dos revoltosos. Por fim, vendo que eram inúteis todos os seus esforços, e que a todas as suas rogativas e observações se respondiam com a voz de avante, Antônio perdeu a paciência.

— Podem ir, — murmurou com voz abafada de despeito e indignação, — mas hão de arrepender-se de semelhante loucura!... avancem, mas veremos o que poderão fazer sem Maurício e sem Antônio. Onde não vai Maurício, Antônio não se mete.

E escapando-se sem ser sentido, apadrinhado pelas trevas, separou-se do bando, e com a rapidez do gamo dirigiu-se para a povoação.

O capitão-mor e Fernando, posto que não julgassem tão iminente o rompimento da sublevação, depois da formal e minuciosa denúncia do mameluco, trataram de tomar medidas sérias de precaução, como o caso reclamava. Além dos esbirros, que tinham a seu serviço, apenaram também cerca de quarenta homens dos mais valentes e bem dispostos. Destes uma parte ficou de guarnição à casa do capitão-mor, e outra se distribuiu em patrulhas encarregadas de rondar durante a noite o povoado e suas imediações, afim de darem sinal ou aviso de qualquer novidade, que ocorresse. Com eles todos contava Fernando ir na manhã do dia seguinte guiado por Tiago atacar os revoltosos na gruta em que se refugiavam. Além disso os escravos também receberam armamento, e tiveram ordem de conservarem-se sempre alerta nas suas alas e com a maior cautela e vigilância possível.

A horda dos revoltosos, sem dar pela falta de Antônio, continuou a avançar para a povoação debaixo do maior silêncio e com todas as precauções. Os vedetas emboabas, que tiveram a infelicidade de encontrar-se com eles, caíram debaixo de seus golpes silenciosos sem terem tempo de soltar nem um ai. Assim às vezes um vulcão negro e carregado impelido pelo furacão atravessa silencioso grandes espaços para ir despejar mais longe saraiva de raios e torrentes diluvianas.

Em poucos minutos chegaram à casa do capitão-mor sem serem pressentidos, nem encontrarem embaraço algum. Aí prorrompendo em furiosa gritaria em breves instantes arrombaram a golpes de machado o grande portão, e precipitaram-se de tropel pelo pátio a dentro.

A gente, que estava de guarnição, saiu valorosamente a rechaçar o assalto, e travou-se no meio das trevas um medonho combate tornando-se o pátio o teatro da mais horrorosa carnificina. Os escravos armados também saíram de suas senzalas; mas que interesse poderia estimulá-los e acender-lhes no peito coragem para se arrojarem ao meio de tão medonho e mortífero conflito?... eles, que de muito mau grado e tangidos pelo azorrague do feitor manejavam sem descanso a enxada e a alavanca para enriquecerem seu senhor, podiam estar dispostos a combater expondo-se a uma morte quase certa para defender a vida e a fazenda daquele que os calcava sob o jugo da mais pesada escravidão?... não decerto e a maior parte deles, tomados de invencível pavor à vista de tanta carnagem, largaram as armas e fugiram espavoridos para longe daquele teatro de horror e matança.

Naquele recinto estreito para tanta gente combatia-se com todas as armas. Ouvia-se troar o arcabuz, silvar a espada, a choupa da zagaia embeber-se nas entranhas do inimigo, o tacape do índio roncar nos crânios, que se despedaçavam. Em poucos minutos a guarnição da casa tinha morrido quase toda, mas também tinha deixado por terra mais de um terço dos insurgentes. O capitão-mor, Fernando e Afonso, acompanhados de uma dúzia de esbirros e criados valentes e dedicados, tinham acudido à varanda desde o primeiro alarma, e depois de terem despejado suas armas de fogo sobre os inimigos, enquanto lhes foi dado distingui-los dos amigos, ali se conservaram animando os seus e dispondo-se para uma resistência desesperada. Vendo enfim que sua gente ia sucumbir toda esmagada pelo número e furor dos assaltantes, deram-lhes ordem que se retirassem à varanda, o que de pronto trataram de executar, mas foram seguidos de perto pelos insurgentes, que também subiram as escadas escorregando no sangue e tropeçando em cadáveres. Travou-se então na varanda uma luta tremenda, indescritível. Uma lâmpada quase a extinguir-se suspensa bem alto ao teto derramava frouxa claridade naquele recinto, e balouçada pelo estrupido dos combatentes, que agitava o ar, abalava o pavimento, e fazia tremer todo o edifício, ondulava luz vacilante sobre aqueles vultos sinistros, que avançavam uns sobre os outros aos pulos e de arma feita. No meio do infernal alarido e confusão entre pragas, ranger de dentes e tinir de ferros ouviam-se gritos de dor e gemidos de agonia.

Ao entrarem na varanda uma parte dos insurgentes dirigiu-se para o lado das prisões, arrombaram as portas, fizeram em pedaços troncos, cadeias, algemas e todos os instrumentos de suplício que encontraram, e soltaram os presos, que vieram reforçar ainda o número dos assaltantes.

O capitão-mor, gravemente ferido logo no começo do conflito, fora recolhido quase à viva força para o interior da casa. Fernando e Afonso, com os poucos companheiros que lhes restavam, de espada em punho, a muito custo podiam conter a onda recrescente dos agressores, cuja frente rota continuamente por seus bem manejados golpes era logo preenchida por novos combatentes. Os dois jovens fidalgos, cedendo e recuando continuamente diante do número e da fúria dos inimigos, viram-se forçados a abandonar a varanda, onde não lhes ficava mais espaço para combater, e refugiaram-se no salão das recepções. Aí havia mais largueza e claridade; o salão era vasto, e um candelabro de bronze com quatro bugias acesas suspenso ao teto de estuque dourado derramava bastante luz por todo ele. Para aí também os seguiu e arrojou-se de tropel a onda invasora disposta a penetrar até os mais íntimos recessos do lar doméstico tudo arrasando e trucidando. Tudo estava perdido; só restava a Fernando e seus companheiros a esperança, de que os poucos habitantes do povoado capazes de pegar em armas despertados pelo estrondo daquele terrível assalto corressem espontaneamente a prestar-lhes auxílio. Mas eles não apareciam; os escravos desde o começo da travada tinham-se posto em fuga, e a guarnição da casa quase toda tinha sucumbido aos golpes dos insurgentes. Não havia mais esperança; oprimidos e encantoados por um número três vezes superior, Fernando, Afonso e mais uns dez ou doze companheiros, que restavam, desesperados de sua sorte e resolvidos a vender cara a vida, combatiam como leões em fúria.

De repente a cena mudou-se; os que atacavam Fernando e os seus, viram-se também inesperadamente atacados pela retaguarda. Ao mesmo tempo ouviram-se ressoar estes gritos: — traidor! traidor! morra o traidor! morra Maurício!... Os assaltantes viram-se obrigados a formar duas frentes de combate, uma para fazer face aos golpes desesperados de Fernando e sua gente, outra para resistir ao brusco e violento ataque de um grupo de cerca de quinze emboabas, que os acometiam pela retaguarda. Deu-se então a mais horrorosa confusão; no meio do remoinhar desses homens furiosos, que se atropelavam, abalroavam e entrevelavam-se naquele apertado recinto, por muito tempo ficaram os combatentes sem saber quem era amigo, ou inimigo, e muitos caíram aos golpes de seus próprios companheiros.

173

Capítulo **XXII**

Combate pró e contra

Maurício, depois de ter depositado em seu leito Leonor desfalecida, enfiou-se de novo pelo caminho subterrâneo, por onde viera, e logo que surgiu fora dele saltou para fora os muros da quinta, e em vez de ir para o sítio retirado, onde escondera o seu animal, dirigiu-se para o centro da povoação.

A única resolução, que lhe restava na difícil e terrível conjuntura, em que o vinha colocar o precipitado assalto dos insurgentes, tinha sido instantânea e definitivamente tomada em seu espírito. Não podia deixar Leonor e seu pai entregues à sanha daquela horda infrene e sedenta de sangue, que tudo levaria a ferro e fogo sem distinção de sexo nem de idade. Leonor seria vítima do mais feroz canibalismo, e era seu dever imprescindível voar em seu socorro.

Mas apresentar-se só era imprudência e temeridade que nenhum resultado produziria. Já tinha ouvido no meio das pocemas seu nome pronunciado com rancor entre epítetos afrontosos; não o reconheceriam mais como chefe, nem mesmo como camarada, e em vez de obedecer-lhe voltariam suas armas contra ele. Prevendo todas estas cousas, na cruel ansiedade, em que se achava, lançou mão do único expediente, que lhe restava. Percorreu com a rapidez do relâmpago as ruas mais habitadas, bateu à porta de diversos portugueses, os quais com os gritos e arruído do assalto se achavam quase todos despertados, informou-os do que havia, animou-os e fê-los pegar em armas, e correu em auxílio do capitão-mor e sua família...

Logo que se viu rodeado de doze ou quatorze companheiros, correu com eles direito ao lugar do conflito. Ao chegar viu logo que os insurgentes levavam tudo de vencida; tremeu-lhe o coração ao pensar, que um só momento, mais que se demorasse, tudo estaria perdido, e do íntimo dalma rendeu graças ao céu, que lhe guiara e acelerara os passos para chegar a tempo de salvar um anjo puro e inocente das garras de inimigos brutais e furiosos. Já achou o pátio abandonado e alastrado de cadáveres e de gente ferida. Sem mais demora subiu afoitamente as escadas da varanda à testa de seus companheiros. Tentou ainda com sua voz e autoridade conter a fúria dos assaltantes.

— Basta, camaradas! — bradou-lhes, — basta de tanta carnagem! —estão vencidos e entregues; basta!... basta de matança!...

A estes brados os paulistas, índios e negros, que se atropelavam na varanda pisando sobre cadáveres, volveram o rosto e reconhecendo Maurício pela figura e pela voz no meio daquela troça de emboabas:

— Morra!... morra o traidor! — gritaram arremessando-se furiosos contra o paulista e seus companheiros. É impossível descrever a luta medonha, furiosa e desatinada, que então se travou naquele estreito recinto. O atracamento de dois navios de guerra não oferece cena mais horrorosa. Os agressores, vendo-se abandonados pelos companheiros da retaguarda, que foram forçados a voltar-se contra Maurício, apertados por Fernando viram-se obrigados a abandonar o salão e saírem de novo para a varanda, a qual ainda que larga e espaçosa era arena muito estreita para tantos combatentes. Brigava-se a estocadas, cutiladas, punhaladas, a golpes de coronha e de tacapes, e na perturbação e entrevelamento, que reinava entre os combatentes, vibravam-se golpes às cegas contra amigos e inimigos. Maurício bradava ainda em vão a seus patrícios e camaradas querendo pôr termo a tão desastrada carnificina; nada os podia conter, arrastava-os a furiosa embriaguez do sangue e da carnagem. Viu-se pois na dura necessidade de precipitar-se sobre eles como um leão indignado sobre alcatéia de lobos famulentos. Os assaltantes já estavam extenuados de fadiga, e pela maior parte feridos e cutilados. Maurício em poucos instantes brandindo a espada abriu através deles um claro imenso; seus companheiros o seguiram, e a estocadas, empurrões e coronhadas expeliram os que não morreram para fora da varanda, e os arrojaram no pátio. Restavam porém os da frente, que se degladiavam furiosamente contra Fernando, e Afonso e seus poucos companheiros.

Entre aqueles achava-se Calixto, o jovem e impetuoso paulista, que por sua imprudência e sofreguidão era uma das principais causas daquela horrível e inútil carnificina. Coberto de golpes e esvaindo-se em sangue já mal podia ampararse dos botes vigorosos de seus adversários. Mas mesmo assim avançando sempre esforçava-se a todo transe por abrir caminho até o interior da casa; queria ainda uma vez ver a sua Helena, e aos pés dela exalar o alento derradeiro. Ao ver esse belo e altivo mancebo em tão deplorável situação, Maurício sentiu a mais pungente e amarga comoção.

— Foge, Calixto; salva-te enquanto é tempo — disse-lhe a meia voz avizinhando-se dele o mais que lhe foi possível.

Ao som daquela voz, que logo reconheceu, o mancebo voltou-se rapidamente, e vendo Maurício arrojou-se a ele furioso e de espada alçada.

— Não tens pejo de falar-me, vil traidor?! — foram as únicas palavras que proferiu desfechando uma cutilada com todas as forças, que lhe restavam. Maurício, porém, apercebido, desviou-lhe o golpe, e dando imediatamente no braço direito uma forte pranchada lhe fez saltar a espada da mão. Os olhos do mancebo se turvaram, os braços desfaleceram, as pernas cambalearam, e ele caiu exangue sobre o pavimento. O coração de Maurício confrangiu-se de dor e comiseração à vista de tão lastimoso espetáculo; não era porém a ocasião de verter lágrimas sobre os mortos, mas sim de tratar de salvar os vivos.

Maurício investiu imediatamente sobre os outros assaltantes, que batiam-se com Fernando, e auxiliado pelos emboabas, que o acompanhavam, em breves instantes afugentou uns e pôs outros fora de combate. Neste momento um súbito e imenso clarão veio iluminar toda a varanda e a cena sanguinolenta, que nela se passava. Os insurgentes tinham posto fogo às senzalas, que rodeavam o pátio, e o incêndio, que até então lavrara oculto, começava a erguer ao céu suas rubras e crepitantes espadanas de fogo. À luz daquele clarão sinistro todos se podiam reconhecer pela fisionomia. Maurício achou-se face a face com Fernando e Afonso, que ao reconhecê-lo lançaram-se a ele bramindo de raiva, atirando-lhe golpes incessantes, e bradando-lhe;
— morre!... morre, infame! morre, vil traidor!

Ainda desta vez Maurício, obedecendo mais aos generosos impulsos do seu coração do que aos sentimentos de justo rancor, que votava a Fernando, tentou poupar sangue e pôr termo à matança.

— Senhores, bradou ele sempre aparando os botes, que choviam encarniçados sobre sua cabeça, — bem estão vendo, que venho defendê-los; embainhem essas espadas, estão salvos e a mim o devem.

— Não precisamos de tua defesa, perro vil!... defende-te a ti mesmo, se podes, — retrucou Fernando a espumar e atirando-se cada vez mais furioso contra o paulista, que sem querer ofender continuava a defender-se galharda e vigorosamente. Afonso porém em seu cego e desvairado ímpeto arrojou-se por tal sorte sobre Maurício, que este sem o querer cravou-lhe a espada na garganta, e o estendeu morto no pavimento.

O jovem fidalgo caiu junto ao corpo de Calixto, e ao cair seu braço estendido enlaçou-se ao colo daquele, que fora seu rival. Dir-se-ia, que ao morrer implorava perdão e procurava congraçar-se com aquele, a quem na vida tinha tão dolorosamente ofendido na fibra a mais sensível do coração. Estavam ali prostrados esses dois jovens, iguais na idade na beleza e na pujança, ambos cheios de vida e de risonhas esperanças, que decerto se teriam realizado, se suas próprias paixões e desatinos não os tivessem arrastado a tão prematuro e desastroso fim. Estavam ali como duas palmeiras, que ainda a pouco se balançavam ufanas e garbosas defronte uma da outra emulando qual em ostentar mais viço e louçania e querendo cada uma roubar para si só toda a seiva da terra, todos os beijos da brisa e todo o orvalho do céu. Veio um mesmo tufão e as derribou uma sobre a outra sobre o pó da terra, e as enlaçou em piedoso e fúnebre amplexo. Na morte esqueceram seus ódios e seus amores, e congraçaram-se para sempre no seio do universal e infinito amor.

Os emboabas que tinham vindo com Maurício, surpreendidos com a nova luta, que se travava entre ele e os donos da casa, não sabiam o que pensar; não podiam compreender, por que motivo o combate se renovava ainda mais renhido entre Fernando e aquele, que tão valente e generosamente tinha corrido a salvá-lo de um desastre inevitável. Vendo enfim o filho do capitão-mor cair trespassado pela espada do paulista, começaram a convencer-se de que ele não podia ser a favor dos portugueses, e cessando de coadjuvá-lo ficaram por alguns instantes atônitos e perplexos sem saberem o que fizessem.

— Que fazeis, patrícios?! — bradou-lhes Fernando — por que acompanhais esse vil traidor, que jurou trazer a morte e a desonra a esta casa, e a ruína de todos os portugueses?... já uma vítima ilustre ali jaz à espera de vingança. A ele, camaradas!... ele é o pior de nossos inimigos; a ele!...

Os portugueses não hesitaram mais; o cadáver de Afonso ali estava o denunciando como inimigo dos emboabas; arrojaram-se sobre ele, e o atacaram por todos os lados. Maurício estava perdido; achava-se só tendo pela frente

Fernando com mais dois companheiros, que ainda lhe restavam, e por detrás ainda uns seis ou sete emboabas daqueles, que ainda a pouco combatiam a seu lado. Encostou-se à parede, e ali defendeu-se por alguns instantes com incrível vigor e agilidade aparando e desviando um chuveiro de cutiladas e estocadas. O número, a cegueira e o açodamento dos agressores, que se abalroavam e atrapalhavam uns aos outros na fúria do combate, favoreciam a defesa de Maurício, o qual com alguns golpes vibrados com a rapidez do relâmpago ainda conseguiu pôr fora de combate uns dois adversários. Mesmo assim porém por mais um instante que se prolongasse tão desigual combate, sua morte seria inevitável. Já não restava ao valente paulista a mínima esperança de salvação; disposto a morrer, depois de ter dirigido mentalmente uma súplica extrema ao Deus de misericórdia, enviava a Leonor seu último e angustiado pensamento, quando subitamente viu surgir sobre o peitoril da varanda e saltar para dentro um vulto, e logo após este um outro ainda. Maurício logo os reconheceu, eram Gil e Antônio.

Capítulo XXIII

Ela salva e ele condenado

Depois de se ter separado de seu amigo, Gil não se dirigiu logo à gruta dos insurgentes. Graças às diligências e à dedicação de seu velho bugre, era possuidor de uma considerável fortuna consistente pela maior parte em ouro bruto em pó e em folhetas, e pouca cousa em moedas e jóias de valor. Tendo de se entregar aos azares de uma insurreição, cujo resultado não era fácil de prever, e não sabendo qual seria no dia seguinte a sua sorte queria pôr a bom recato esses valores, para que não caíssem nas mãos dos emboabas. Sabia, que estes lhe desejavam todo o mal e muito se regozijariam com sua morte não tanto pelo ódio, que tinham à sua pessoa, como pela inveja e gana que tinham de suas riquezas as quais segundo as crenças exageradas do vulgo supunham ser dez vezes mais avultadas do que realmente o eram. Gil preferiria ver esses tesouros restituídos ao seio da terra, donde saíram, a entregá-los nas mãos ávidas de seus perseguidores.

Entretanto não via em torno de si um amigo, uma pessoa de confiança, em cujas mãos pudesse depositá-los. Maurício, Antônio e mesmo mestre Bueno, únicas pessoas a quem com segurança poderia confiá-los, andavam como ele foragidos e expostos aos mesmos azares e perseguições. Todos os outros seus patrícios, aos quais em último caso as entregaria, estavam nas mesmas condições. Depois de pensar algum tempo sobre o destino, que lhes daria tomou enfim uma deliberação, que lhe pareceu excelente.

— Foi Irabussu que me deu estas riquezas, — pensou ele; — e segundo é crença geral saíram da gruta, onde ele morava, e mora ainda segundo todas as aparências, se não é alma dele que por lá anda aparecendo aos viventes. Vivo ou morto ele deve zelar este ouro, que com tantos trabalhos e perigos soube alcançar para mim. Assim pois levemo-los de novo para lá; em nenhum lugar podem ficar tão bem escondidos e guardados como na própria mina, donde saíram e debaixo das vistas daquele, que as descobriu. Essa lapa, que nos tem até aqui abrigado da sanha de nossos perseguidores, também saberá resguardar nossas riquezas das garras de sua cobiça insaciável. Vamos!

Gil formou um pacote de todo o ouro e jóias, que possuía, montou com ele a cavalo e partiu a trote largo para a gruta de Irabussu; seriam nove horas. Como costumava, tomou um caminho muito diferente daquele, por onde marchava a coorte dos insurgentes. Sendo sua casa situada na extremidade oposta pelo lado do sul, e em grande distância da quinta do capitão-mor, porém muito mais próxima da gruta, Gil tomou pelas colinas, que dominam pela margem esquerda o vale do Rio das Mortes e por um caminho mais curto e descampado chegou à gruta. Enquanto para lá se dirigia, os insurgentes escondendo sua marcha pelos grotões e vales cobertos de mato, que acompanham o curso do rio, encaminhavam-se também com mais segurança e brevidade à casa do capitão-mor, que devia ser o primeiro e principal alvo de suas hostilidades.

Ao chegar à gruta Gil ficou surpreendido de encontrá-la completamente abandonada. Não era possível, que os insurgentes tivessem sido atacados e destroçados pelos emboabas; na gruta não havia nem o mínimo vestígio de combate; nem cadáveres, nem sangue; os fogos ainda estavam acesos, e nos objetos não se notava desordem alguma, que fizessem suspeitar uma luta recente.

Mas não lhe foi mister refletir muito para atinar com o verdadeiro motivo daquele fenômeno. Logo compreendeu que a impaciência e sofreguidão dos insurgentes, não achando quem as reprimisse, os levaram a antecipar o rompimento, sem esperarem por ele nem por Maurício, contra o qual talvez teriam surgido novas desconfianças. Este pensamento o encheu de inquietação, pois bem previa que aquele movimento sem direção operado por uma horda ingovernável, que só obedecia aos seus instintos ferozes e à sede de vingança, nenhuma probabilidade de feliz resultado podia oferecer.

Mas como o mal estava feito e sem remédio, Gil tomando um tição para alumiar seus passos dirigiu-se aos mais escuros recôncavos da caverna procurando um esconderijo, onde depositasse o seu tesouro. Em uma espécie de corredor estreito e tortuoso divisou um como nicho, cuja abertura não era grande, mas que parecia ter uma cavidade bastante profunda; por cima dele formava-se em relevo sobre o muro uma perfeita cruz de cintilantes estalactites, era um lugar bastantemente assinalado, e com um sinal auspicioso. Estendendo bem os braços, que a custo puderam alcançar a altura do nicho, Gil aí atirou o pacote, que continha suas riquezas. Depois voltando-se para o interior da caverna.

— Irabussu, — chamou em voz bem alta, — teu amigo Gil aqui vem entregar-te e confiar à tua guarda o tesouro, que lhe deste. Se ainda és vivo, vigia-o bem, para que não caia em poder de nossos inimigos.

— Branco, vai-te em paz, — mugiu uma voz, pesada e lúgubre do fundo dos socavões. — Ninguém tocará no teu ouro. Irabussu aqui fica para vigiá-lo. Vai-te, mas não me voltes aqui mais sem trazer a Irabussu sua filha Judaíba pela mão, e o punhal tinto no sangue do emboaba.

O sangue gelou-se nas veias e os cabelos eriçaram-se de pavor ao mancebo ouvindo na medonha solidão daquela espelunca, os ecos sepulcrais dessa voz, que parecia falar das margens de um outro mundo. Sem mais ousar erguer a voz apressou-se em sair da gruta, e voltou a toda brida para

182

a povoação pelo mesmo caminho, por onde viera. Chegando em casa ouviu os primeiros tiros e a vozeria e estrondo do assalto dado à casa do capitão-mor. Largou o cavalo, e para lá dirigiu-se com a maior presteza, que lhe foi possível. Já estando a entrar no pátio viu Antônio, que do lado oposto vinha também correndo para o teatro do horroroso conflito.

— Que é de meu amo — Que é de Maurício? Estas duas perguntas, que partiram ao mesmo tempo dos lábios de ambos, já continham em si a resposta; nenhum deles sabia de Maurício. Antônio, tendo-se separado da malta dos insurgentes, tinha ido em primeiro lugar rondar em torno da casa do capitão-mor a ver se por qualquer meio obtinha notícias de Maurício; mas não avistou pessoa alguma, nem ouviu som de voz humana; todas as portas e janelas estavam trancadas e tudo jazia em profundo silêncio. Dali dirigiu-se à casa de seu amo, que achou igualmente trancada e silenciosa. Pôs-se então a percorrer toda a povoação com a velocidade de um galgo procurando por Maurício ou notícias dele. Cansava-se em vão nesta afanosa lida, quando ouviu os primeiros ruídos do assalto, que começava; imaginou que Maurício também já talvez lá se achasse, e mesmo que não se achasse, a ele Antônio corria o dever de a todo transe defender Leonor contra a fúria dos insurgentes. Além do afeto e profunda veneração que o índio votava à jovem senhora, que sempre fora para ele um gênio protetor, um anjo de bondade, ele sabia que defendendo Leonor prestava a seu amo um serviço mais relevante, do que se lhe tivesse salvado a própria vida, e portanto sem hesitar um instante correu para o lugar do perigo.

Encontrando-se com Gil, entraram ambos no pátio e viram na varanda ao clarão do incêndio a figura de Maurício que batendo-se em luta a mais desigual estava prestes a sucumbir sob o número de seus agressores.

— É ele! — é ele! — foram as únicas palavras que proferiram. De um lance de olhos compreenderam que, se não lhe acudissem instantaneamente, Maurício impreterivelmente ia ser sacrificado. Batia-se este encantoado na extremidade da varanda pelo lado da frente do edifício. Atravessar o pátio, subir a escada e perlongar a extensa varanda, entulhada de cadáveres, de gente fora de combate e de alguns combatentes feridos e destroçados, que se agitavam numa indizível confusão, mas que talvez quisessem opor-se à sua marcha, seria perder momentos preciosos. Achegaram-se rapidamente da varanda, cujo pavimento ficava elevado cerca de três metros acima do pátio, e foram colocar-se mesmo embaixo do lugar em que se combatia. Antônio encostou-se ao muro, e Gil, servindo-se dos ombros dele, escalou o peitoril, e saltou dentro da varanda. Antônio de um pulo de onça atracou-se aos gradis, e seguiu-o de perto.

Maurício, vendo surgirem como por encanto a seu lado aqueles dois valentes e dedicados amigos, únicos com quem poderia contar na cruel e difícil conjuntura em que se achava, criou alma nova, e sentiu renascer em seu espírito a coragem e a esperança, e em seu braço todo o seu vigor e agilidade.

— Coragem, patrão! — exclamou Antônio saltando dentro da varanda; — ocupe-se com esses, — acrescentou apontando para o lado de Fernando, — enquanto nós ficamos brincando cá com estes amigos.

Dizendo isto ele e Gil com a espada em uma das mãos e o punhal na outra foram descarregando golpes desapiedados sobre os emboabas, que a seu pesar tiveram de recuar e abrir-lhes quadra para combater. Entretanto Maurício, vendo-se livre destes, apertou com Fernando e um único companheiro, que lhe restava ao lado; a este inutilizou desde logo com uma profunda cutilada no braço direito. Fernando bateu-se ainda por alguns instantes com o furor do desespero; mas por fim o paulista fez-lhe saltar a espada da mão, agarrou-o pelo punho e o obrigou a vergar-se de joelhos a seus pés.

— Não te mato, infame embusteiro, — disse-lhe com voz rouca e abafada, — porque não quero manchar minhas mãos nesse sangue vil. Mereces morte mais afrontosa; um dia a terás...

— Larga-me, demônio, — bradava o fidalgo estorcendo-se e esforçando-se debalde por livrar-se da mão de ferro, que lhe atracava o braço. — Larga-me, ou mata-me.

Entretanto uma turba de emboabas, vindos de pontos mais remotos, bem como as patrulhas, que rondavam pelos arredores, acudiam de tropel por todos os lados em auxílio do capitão-mor, e alguns já entravam pelo pátio gritando em brados furiosos: — Morram!... morram os paulistas! morra Maurício! — Os paulistas, que tinham escapado da carnagem, feridos, desanimados e extenuados de fadiga, se debandavam por todos os lados procurando a salvação na fuga.

Maurício viu com certo prazer travado de amargura que o capitão-mor e sua filha estavam salvos; ele, porém, estava perdido. Refletiu um instante, e no embate dos angustiados pensamentos, que o torturavam, esteve a ponto de entregar o peito ao ferro do inimigo, e terminar uma existência, que dali em diante ia se lhe tornar mais que nunca insuportável. Repudiado pelos seus, que iludidos pelas aparências, com razão o reputavam traidor, detestado pelos emboabas, execrado e amaldiçoado como ia ser por Diogo Mendes e por sua filha Leonor, cujo irmão acabava de sucumbir na ponta de sua espada, que mais lhe restava a esperar neste mundo? Viver dali em diante era querer lutar contra a onipotência do destino, que o perseguia; era tempo de morrer... Estes lúgubres pensamentos lhe atravessaram o espírito com a rapidez do relâmpago, mas também como o relâmpago, para logo se apagaram, cedendo lugar a sentimentos mais cordatos e generosos.

Pensou que Deus não o havia salvado debalde por intermédio de seus dois amigos do iminente perigo, que ainda a pouco ameaçava sua existência. Lembrou-se de Leonor, que talvez teria ainda necessidade de sua vida. Devia viver para ela, e também não queria morrer sem o seu perdão. Cedendo a esta inspiração, e vendo que se avizinhava o tropel dos emboabas:

— Gil! Antônio!... salvem-se, — gritou a seus amigos.

— E tu, onde ficas? perguntou Gil, o qual, bem como Antônio, jamais se resolveriam a abandonar o amigo em meio de perigos.

— Por este lado, respondeu Maurício, — não tenho mais inimigo a combater. Por aqui mais facilmente me porei a salvo.

Tranqüilizados com esta resposta Gil e Antônio, rompendo por entre os emboabas, dos quais pelo menos metade já tinha caído a seus golpes, desceram aos pulos a escadaria, atravessaram o pátio com tal rapidez e sutileza, que não puderam ser reconhecidos pelos que cruzavam aquele recinto em todos os sentidos no meio de uma confusão indizível e geral consternação, e saindo incólumes pelo portão foram se postar em distância defronte do edifício; aí protegidos pelas trevas ficaram espreitando a saída de Maurício. Este, voltando-se para Fernando, cujo braço tinha sempre apertado entre seus músculos de aço, alçando a espada, ia descarregá-la sobre a cabeça de seu perverso e pérfido rival, mas vendo o inimigo inerme e abatido a seus pés, os magnânimos e cavalheirosos sentimentos de seu coração detiveram-lhe o braço.

— Fica-te, maldito! disse largando o braço de Fernando, que ferido e quase exânime lhe jazia aos pés. — Tua vida me pertence, mas eu te emprazo para outra ocasião.

Disse e entranhando-se pelo interior da casa, cujos compartimentos conhecia perfeitamente, dirigiu-se aos aposentos de Leonor.

Capítulo XXIV

A prece de três anjos

O delíquio, a que de novo sucumbira Leonor cruelmente sobressaltada com o estrondo da temerosa catástrofe, que se despenhava sobre a casa paterna, não fôra de longa duração. A vozeria e o estrugido infernal, que aturdia e abalava todo o edifício, em breve a fez voltar a si, como quem acordava de um horrível pesadelo. Ao abrir os olhos viu ajoelhadas junto ao leito suas duas companheiras Helena e Judaíba, que trêmulas e transidas de pavor lhe tomavam as mãos banhando-as de lágrimas, e procuravam com carinho despertá-la do seu delíquio, que ela ignorando o que sucedera julgavam não ser mais que um profundo sono.

O interior da casa estava completamente deserto; os homens, que nela habitavam, achavam-se todos na varanda empenhados no combate; as escravas tomadas de pavor invencível tinham-se escapado para o quintal, ou refugiado no fundo das senzalas. As duas pobrezinhas, vendo-se desamparadas, vaguearam longo tempo desvairadas pelos ermos compartimentos da vasta habitação, como duas rolas prisioneiras sem acharem por onde fugir, nem onde abrigar-se das garras do gavião, que esvoaça ameaçador em volta de sua prisão. Não vendo uma só pessoa, a cujo lado se asilassem, e que pudesse alentá-las e protegê-las em transes tão horríveis, correram para junto de Leonor; bem viam que esta era também como elas uma fraca donzela que também precisava do apoio e proteção de um ser mais forte, mas viam nela como que uma natureza superior, um anjo de pureza e de bondade, que como em outras ocasiões já tinha feito, não deixaria de abrigá-las eficazmente à sombra de suas asas.

— Que é isto, meu Deus!?... que estrondo é este?... perguntou a moça ao despertar erguendo-se sobressaltada.

— Ah! senhora, não sabe?! — respondeu Helena, — estamos perdidas!... briga-se aí fora a fogo e sangue... é uma guerra de morte!... ah! valei-nos, valei-nos por piedade...

— Ah! já sei, já sei!... e meu pai?... e Maurício?... onde estão?... oh!... meu Deus! tende piedade de nós! — disse Leonor passando pela testa a mão convulsa como querendo reatar suas idéias perturbadas, e lançando para trás do colo as longas e negras madeixas, que lhe obumbravam o rosto.

Leonor compreendeu logo todo o horror de sua situação, mas em vez de esmorecer em presença da temerosa catástrofe, que desabava sobre a casa paterna ameaçando esmagá-la com todos os seus habitantes, sentiu-se revestida dessa resolução heróica, dessa sublime coragem, que é o apanágio das almas puras e elevadas nas ocasiões supremas.

— Minhas amigas, — disse com voz firme e calma à suas duas companheiras, — tranqüilizem-se; nenhum perigo corres, Helena, nem tu tão pouco, minha Judaíba. São teus próprios parentes e amigos, que as vêm arrancar desta casa, onde vivem prisioneiras e contra a vontade. Mas eu, meu pai, meu irmão... ai de nós!... seremos sacrificados sem remédio ao seu furor, se Deus não amercear-se de nós, e se não defendermos a nós mesmos... Fiquem neste quarto; não se arredem daí, que eu volto neste momento.

Ditas estas palavras Leonor saiu rapidamente, e dirigiu-se ao aposento do capitão-mor; estava ele deserto; seu pai ainda não fora ferido, e combatia na varanda. Aí entre diversas armas, que examinou rapidamente, escolheu um pequeno e buido punhal, e um florete; guardou aquele no seio, e empunhando este dirigiu-se de novo à sua câmara.

— Para que essas armas? — perguntou Helena atônita e consternada; quer também arriscar-se?...

— Não tenhas susto, minha amiga; atalhou Leonor; — em primeiro lugar vamos rezar e pedir a Deus que afaste de nós esta tormenta horrorosa. Se porém ele não compadecer-se de nós com esta espada irei combater e morrer junto de meu pai, e este punhal servirá para traspassar-me a mim mesma o coração, se tiver a desgraça de cair viva em poder deles.

— E por que razão, — replicou Helena, — não trouxe armas para nós também?... ficaremos nós aqui a chorar e a rezar, enquanto a senhora tão mimosa e delicada vai combater?...

— Como!? pois querem combater contra seus pais e seus amantes, que as vêm libertar?... Helena poderá combater contra Calixto, e tu, Judaíba, terás ânimo de cravar um punhal no peito do teu Antônio?...

— Que diz, senhora! pois esses também serão contra o senhor capitão-mor, e contra a senhora?

— Pois quem mais, senão eles?... quem mais senão esses muitos desgraçados tão vexados e perseguidos por Fernando poderiam revoltar-se contra meu pai?...

— Então também o senhor Maurício... ia ponderar Helena.

— Maurício!... — atalhou Leonor como assustada; — Maurício!... que disseste, Helena!...

A filha do capitão-mor ficou por momentos imóvel e silenciosa como fulminada por uma súbita e pungente idéia. Uma cruel suspeita lhe havia despontado no espírito. A linguagem obscura e misteriosa de seu amante nas entrevistas, que com ela tivera, seu ar sombrio e preocupado, seu afastamento da casa do capitão-mor, suas resoluções reveladas a meio e em termos vagos e inquietadores vinham ter súbita e manifesta explicação naquela simples frase não terminada e ingenuamente proferida pela filha de Bueno. Em vão Leonor se esforçava por expelir da mente esse odioso pensamento; ele se apresentava teimoso com todos os indícios da evidência, e o desventurado Maurício começava a ficar infamado até mesmo no espírito daquela por quem nesse momento arriscara a todos os azares não só a vida, como o nome e a reputação expondo-os ao mais infamante e abjeto conceito. Poucos momentos durou o embate desses dolorosos e encontrados pensamentos; o tempo e a ocasião urgiam, e a resolução de Leonor tornara-se, se é possível, ainda mais inabalável. Queria ir morrer combatendo ao lado de seu pai em defesa do lar doméstico e a morte lhe seria ainda mais grata, se a recebesse das mãos de Maurício; seria melhor, que ele, que com sua infame perfídia vinha trazer-lhe o gérmem da morte aos seios do coração, lhe terminasse de um só golpe uma existência que a lembrança de tão mal empregado amor iria encher de remorsos, de opróbrio e de vergonha.

Passados estes curtos instantes de amarga reflexão, Leonor abriu um lindo oratório, que aí tinha sobre um bufete de pau cetim, acendeu dois círios junto a ele, depôs a espada e o punhal sobre o tapete, e ajoelhou-se.

— Vamos, minhas amigas, de joelhos! — disse às duas companheiras com acento de voz meigo e calmo, — vamos rezar e rogar a Deus, que nos proteja e ampare a nós e a todos os nossos.

Helena e Judaíba prontamente se ajoelharam aos lados de Leonor, e enquanto ali bem perto estrugia a fúria do combate vertiginoso entre pragas, gemidos e ranger de dentes, e corria sangue a jorros, aquelas três almas cândidas e puras, prostradas aos pés do crucificado, erguiam ao trono de Deus a prece, única arma que pode desarmar a cólera celeste, e imploravam ao Deus de paz, de amor e de misericórdia para que pusesse termo a tantos horrores e desgraças. Quem as visse ali mudas e consternadas, com as vestes em desalinho e os cabelos em desordem, julgaria estar vendo as três santas e piedosas mulheres, que a lenda cristã nos apresenta ajoelhadas aos pés da cruz erguendo olhares repassados de angústia e de dó para o corpo sangrento e macerado do Redentor do mundo.

Nessa piedosa e tocante postura veio Maurício encontrá-las. Com as mãos ensopadas em sangue ainda fumegante não ousou penetrar naquele aposento, que parecia um santuário defendido pelos anjos; parou à porta e, contemplando por um instante aquele grupo angélico, adormeceu-se em sua alma a angústia e desespero, que a ralavam, para dar lugar a um momentâneo enlevo de ternura e amor, de respeito e adoração. Congratulou-se interiormente, porque se não fôra ele, aquele santuário teria sido invadido, profanado e inundado em sangue, e julgou-se feliz por ter conseguido com o sacrifício de toda a sua felicidade, de todo o seu futuro expondo-se ao extermínio e ao ódio geral, salvar sua adorada Leonor. Enfim rompendo o silêncio.

— Não rogueis mais por vós, senhora, nem por vosso pai; — disse com voz branda, mas repassada de amargura. — Estais salvos; rogai por mim, que estou perdido!... para sempre!...

A esta voz Leonor e suas companheiras voltaram o rosto e ergueram-se sobressaltadas.

— E — a quem devemos a salvação? — perguntou Leonor.

— Em primeiro lugar, — respondeu Maurício apontando para o oratório, — a esse Deus de misericórdia, que não podia deixar de ouvir a prece de três anjos; depois a este desgraçado, que vem pedir-vos perdão e dizer-vos um... derradeiro adeus!...

Um eterno adeus — ia Maurício dizer; mas esta cruel palavra amargava-lhe aos lábios, e repugnava-lhe ao coração, em cujos seios pululava-lhe talvez ainda um gérmem de esperança.

O paulista não quis, nem pôde dizer mais uma palavra. Os portugueses, que de todos os lados acudiam em socorro do capitão-mor, já começavam a invadir a casa. Maurício, deixando Leonor e suas companheiras atônitas e enleadas, sumiu-se da porta, entrou por uma sala da frente, abriu rapidamente uma janela, e saltou à rua.

Capítulo XXV

Epílogo

Maurício parou um instante embaixo da janela não sabendo para onde encaminhasse seus passos. Felizmente para ele ninguém o vira saltar senão Gil e Antônio, que como sabemos escondidos em um canto tinham ficado de espreita o esperando. Apenas o viram, em um instante se acharam ao pé dele.

— Que faremos, meus amigos? perguntou Maurício.

Achava-se na verdade em uma situação estranha e inextricável. O futuro mesmo o mais próximo era para ele um enigma, cuja decifração só podia esperar do acaso. Exceto aos dois amigos, que ali se achavam ao pé dele, a ninguém podia inspirar daí em diante senão ódio e desprezo; todos os corações se lhe fechariam, e todos os braços se levantariam contra ele.

Entretanto, no meio de tão horrível desolação dois pensamentos lhe davam algum conforto e consolação: tinha salvado Leonor, e tinha visto subjugado e abatido a seus pés seu pérfido e insolente rival.

— Fugir, meu amo, — disse Antônio respondendo à pergunta de Maurício; — fugir, e já.

— Sim, foge, Maurício, — disse-lhe Gil também, — foge, enquanto é tempo. Bem estás vendo, à exceção de mim e de Antônio, todos são contra ti; a morte cerca-te por todos os lados.

Efetivamente, à esquerda grande número de emboabas se aglomeraram junto ao portão vociferando imprecauções, e pedindo em altos brados a morte de todos os paulistas e a cabeça de Maurício. À direita os paulistas, negros e bugres, que haviam escapado à matança, retirando-se para o lado do Rio das Mortes, iam-se reunindo em distância erguendo brados furiosos não tanto contra os emboabas, como contra Maurício.

— Morra! — gritavam eles, — morra hoje mesmo esse traidor infame, causa de todas as nossas desgraças!... morra o carrasco, que nos chamou ao matadouro para nos degolar com suas mãos.

Por esse mesmo lado um vivo e medonho clarão começou a iluminar de repente toda a estrada. Era a casa de Maurício, que começava a arder; os insurgentes fugitivos tinham-lhe lançado fogo e sumiam-se em fuga acelerada pelas trevas de além.

— Bem estás vendo e ouvindo tudo, Maurício, — disse Gil, — foge enquanto é tempo.

— Deixem-me, deixem-me morrer, — murmurou Maurício tomado do mais amargo e profundo desalento.

— Não te deixaremos enquanto não te virmos livre de perigo; quando não morreremos contigo.

Maurício não insistiu mais; entregou seu destino à mercê de seus amigos.

Como os insurgente em sua fuga já iam longe, os três, cosendo-se às sombras do morro da quinta, que se estendia até quase a casa de Maurício, encaminharam-se para esse lado, que por ser deserto lhes proporcionava mais facilidade para a fuga.

— Não me resta mais abrigo sobre a terra; só debaixo dela poderei achar descanso!... — murmurou tristemente Maurício ao passar pela frente dessa casa, que havia construído com tanto amor e embalado por tão lisonjeiras esperanças, e que agora via com elas esvaecer-se para sempre em chamas, fumo e cinzas!...

Seguiram sem encontrar embaraço algum pela estrada avante até a um estreito trilho, que desviando-se dela cortava à direita um espesso matagal.

Aí Maurício parou.

— Adeus, Gil! — disse com acento da mais pungente emoção; — estou fora de perigo; não quero que participes mais de minhas desgraças. Aqui perto tenho o meu cavalo arreado; eu e Antônio saberemos pôr-nos a salvo. Cuida em salvar-te também. Adeus!...

E sem esperar resposta enfiou-se rapidamente pelo trilho, e acompanhado por Antônio sumiu-se no matagal.

Na manhã do dia seguinte os habitantes de São João d'El-Rei cavavam a terra não para extrair dela o ouro que tanto cobiçavam, mas para depositar em seu seio uma multidão de cadáveres, que eram conduzidos por dezenas em carros de bois.

Logo depois do horrível e sanguinolento conflito, Fernando, apesar de ferido extenuado de fadiga sempre ativo em sua odienta perseguição expediu patrulhas a pé e a cavalo por todos os arredores em perseguição de Maurício e de todos os insurgentes que encontrassem.

Uma dessas patrulhas, já o sol ia alto, — seguindo um rastilho de sangue, encontrou à margem do Rio das Mortes pouco acima da ponte, que conhecemos, uma cova aberta de fresco; sobre essa cova estavam um chapéu e armas, que reconheceram ser de Maurício.

Mão piedosa, decerto a de Antônio, tinha plantado sobre essa cruz de madeira toscamente lavrada, e nos braços dela em falta de outra tinta tinha escrito com sangue estas palavras:

— Orai por ele! —

Quase todos entenderam, que Maurício havia morrido em conseqüência de golpes, que recebera em combate. Mas os poucos, que o conheceram de perto, e sabiam a história íntima de seu coração, julgavam mais provável que ele tivesse posto fim a seus dias por suas próprias mãos.

Entretanto a infeliz Leonor, treda e insidiosamente informada por Fernando sobre o procedimento de Maurício e sobre a morte por ele dada a seu irmão Afonso, não tinha senão maldições para a memória de seu desditoso amante.

Nesse mesmo dia, que seguiu-se à temerosa noite, sentada à cabeceira de seu pai ferido e prostrado no leito, confessava-lhe cheia de vergonha e remorso o louco amor que concebera pelo jovem paulista, e pela alma de seu irmão, cujo cadáver ia dar-se à sepultura, implorava-lhe perdão abjurando para sempre tão funesta paixão.

Por fim rogava-lhe com as lágrimas nos olhos, que para expiação de sua fatal fraqueza a fizesse professar freira no convento de Nossa Senhora da Luz em São Paulo.

— Veremos depois, minha filha, — respondia-lhe o bom e honrado pai; — estou muito fraco e tu muito magoada para podermos pensar nisso agora.

O leitor, que até aqui tem acompanhado benigna e pacientemente esta tosca narração, se deseja saber qual foi realmente o fim de Maurício, e qual a sorte de seus companheiros de infortúnio e outros personagens que nela figuram, deve ler outra história, que servirá de seguimento a esta com o título de O Bandido do Rio das Mortes.

FIM

A presente edição de A INSURREIÇÃO de Bernardo Guimarães é o Volume de número 32 da Coleção Excelsior. Capa Cláudio Martins. Impresso na Líthera Maciel Editora e Gráfica Ltda., à rua Simão Antônio 1.070 - Contagem, para a Editora Itatiaia, à Rua São Geraldo, 67 - Belo Horizonte - MG. No catálogo geral leva o número 01118/8B. ISBN. 85-319-0736-5.